clv

Christliche Literatur-Verbreitung e. V.
Ravensberger Bleiche 6 · 33649 Bielefeld

WOLFGANG BÜHNE

Das Gebetsleben Jesu

ERMUTIGUNG UND HERAUSFORDERUNG

1. Auflage 2011
2. Auflage 2012
3. Auflage 2013
4. Auflage 2016
5. Auflage 2019
6. Auflage 2020

© 2011 by CLV
Christliche Literatur-Verbreitung
Ravensberger Bleiche 6 · 33649 Bielefeld
Internet: www.clv.de

Satz: CLV
Umschlag: Lucian Binder, Marienheide
Druck und Bindung: GGP Media GmbH, Pößneck

Artikel-Nr. 256312
ISBN 978-3-86699-312-9

Inhalt

»Der archimedische Punkt
außerhalb der Welt
ist eine Betkammer,
wo ein wahrhaft Betender
in aller Aufrichtigkeit betet –
und er wird die Erde bewegen.«[1]

Søren Kierkegaard
(1813–1855)

Einleitung

Unsere Reinheit, unsere Kraft, unsere Frömmigkeit und unsere Heiligkeit werden immer nur so stark sein wie unser Gebet!«,[2] behauptet A. W. Tozer – und er hat recht. Dieser Tatbestand ist ein Grund mehr, warum es immer eine demütigende Angelegenheit ist, Gedanken über das bedeutende Thema »Gebet« zu äußern oder zu Papier zu bringen.

Obwohl die enorme Wichtigkeit und die gravierenden Auswirkungen des Gebets in fast allen biblischen Büchern und Briefen herausgehoben werden und ein großer Teil der Bibel ausschließlich aus Gebeten besteht, spielt in unserem eigenen Leben das Gebet leider meist nur eine vernachlässigte Nebenrolle.

Beten wurde häufig das »Atmen der Seele« genannt. Wenn dieser Vergleich zutrifft, dann leiden wir alle mehr oder weniger an geistlicher Kurzatmigkeit und akutem Sauerstoffmangel.

In vergangenen Jahrhunderten war »Gebet« unter den Christen ein zentrales Thema in der Verkündigung, in der Literatur und vor allem im Alltagsleben. Heute bestimmen andere Themen unser Denken und Leben. Gottes Ehre, seine Herrlichkeit und seine Verherrlichung durch uns werden kaum noch thematisiert, sondern der Mensch mit seinen Bedürfnissen, Ansprüchen und Problemen füllt unsere Köpfe, Zeitschriften und Bücherschränke.

Auch als evangelikal bezeichnete Christen haben wir unseren Fixpunkt und damit unsere von Gott bestimmte Orientierung weitgehend verloren und dümpeln – mehr oder weniger vom lauen Zeitgeist getrieben – ziellos dahin oder drehen uns im Kreis. Dementsprechend sieht auch unser Gebetsleben aus.

Leider gibt es zurzeit in deutscher Sprache nicht so viele wirklich empfehlenswerte Bücher über die Bedeutung des Gebets. Der sehr wertvolle Klassiker »Vom Beten« von Ole Hallesby ist dankenswerterweise immer wieder neu aufgelegt worden. Und neben einigen kleineren Schriften und Taschenbüchern zu diesem Thema ist das inzwischen neu aufgelegte Buch von Benedikt Peters »Lehre uns beten« eine ermutigende Hilfe. Diesem Autor verdanke ich auch die Anregung, das Gebetsleben Jesu zu studieren.

Die Reformatoren und auch die Erweckungsprediger des 18. und 19. Jahrhunderts haben nicht nur viel über das Gebet gepredigt und geschrieben, sondern sie waren auch Beter. Ihr Gebetsleben hat mich oft beschämt und ich bin dankbar, in den folgenden Kapiteln aus ihren Schriften zitieren und ihre Erfahrungen weitergeben zu können.

An dieser Stelle bin ich auch meinen Eltern für ihr Vorbild als Beter Dank schuldig. Soweit ich mich zurückerinnern kann, haben sie täglich am frühen Morgen in ihrem Wohnzimmer jeder für sich ihre »Stille Zeit« gehalten. Und jeden Abend lagen sie auf den Knien, um gemeinsam zu beten.

Bis heute habe ich noch die flehende Stimme meines Vaters im Ohr, wenn ich damals als Teenager gelegentlich versuchte, leise am Wohnzimmer vorbeizuschleichen, und hörte, wie auch namentlich für uns Kinder gebetet wurde. Wenn ich damals auch noch kein Leben aus Gott und absolut kein Interesse an der Nachfolge Jesu hatte, so ahnte ich in solchen Momenten doch etwas von der Realität und Kraft des Gebets.

Aber ich schulde auch einigen Männern Dank, die zu ihren Lebzeiten meine Frau Ulla und mich durch ihr sichtbares Vorbild herausgefordert und ermutigt haben. Dazu gehören die wenigen, aber sehr eindrücklichen Begegnungen mit dem indischen Bruder Bakht Singh (1903–2000) und seinen Mitarbeitern, als sie in den 1980er-Jahren Deutschland und die Schweiz besuchten. Nicht in erster Linie die Botschaften, sondern vor allem das Vorbild dieses bescheidenen, unscheinbaren, aber gottesfürchtigen Bruders auch gerade als Beter werden wir nicht vergessen.

Und dann war es der »unbekannte und wohlbekannte« alte Bruder aus einem kleinen Dorf bei Meinerzhagen, der viele Jahre als geistlicher Vater für uns gebetet hat und mit dem ich – damals als junger Familienvater – immer wieder beten durfte.

Dieser erfahrene, durch viel Leid erprobte und gereifte »Onkel Wilhelm« ähnelte in seinem Aussehen und Auftreten dem bekannten Pastor Alfred Christlieb aus dem oberbergischen Heidberg, von dem Wilhelm Busch schrieb, dass der *»Geist Gottes seine Linien in seine Gesichtszüge eingegraben«*[3] hatte. Wenn er gemessenen Schrittes – den Hut in der Hand – unsere Wohnung betrat, verbreitete er immer so etwas wie Ewigkeitsluft.

Diesen und vielen anderen Brüdern und Schwestern bin ich viel Dank schuldig – vor allem aber unserem Herrn Jesus, dessen freundliche Führungen diese Begegnungen ermöglichten und dessen Vorbild als Beter mich immer wieder neu ermutigt, Ihm auch in diesem Dienst etwas ähnlicher zu werden.

1

Das Gebet – eine Messlatte unseres geistlichen Grundwasserspiegels

W er einen anderen demütigen will, sollte ihn nur nach seinem Gebetsleben fragen«,[4] urteilt Oswald Sanders, der erfahrene Autor und ehemalige Leiter der »ÜMG«, in seinem wertvollen Buch »Geistliche Leiterschaft«.

Kein anderes Thema beschämt uns mehr und kein anderes spiegelt so deutlich unsere geistliche Armut wider.

John Wesley pflegte zu sagen, dass er wenig von einem Mann halte, der nicht jeden Tag vier Stunden betet. Und damit hat er wahrscheinlich das Urteil über die meisten von uns gesprochen – zumindest ich bete keine vier Stunden täglich.

Leonard Ravenhill schreibt treffend:

> »Das Aschenputtel der heutigen Gemeinde ist die Gebetsversammlung. Diese ›Dienerin des Herrn‹ bleibt ungeliebt und unbeachtet, denn sie behängt sich weder mit den Perlen der Intellektualität, noch glänzt sie mit den Seidenstoffen der Philosophie oder bezaubert mit der dreifachen Krone der Psychologie. Sie trägt das Selbstgestrickte der Ernsthaftigkeit und Demut und schämt sich nicht zu knien!
>
> Gebet ist deshalb so anstößig, weil es im Grunde nicht zu geistiger Wirksamkeit passt ... Gebet hängt nur von einem ab: nämlich von Geistlichkeit. Man braucht nicht geistlich zu sein, um zu predigen, das heißt homiletisch perfekte und exegetisch genaue Vorträge auszuarbeiten und zu halten ... Predigen berührt Menschen; Beten berührt Gott. Predigen hat Auswirkungen auf die Zeit; Beten hat Auswirkungen auf die

Ewigkeit. Die Kanzel kann ein Schaufenster sein, in dem wir unsere Talente ausstellen; im stillen Kämmerlein findet jede Selbstdarstellung ihr Ende.«[5]

Auch der bekannte Prediger und Autor Martyn Lloyd-Jones bekannte in Bezug auf die Wichtigkeit des Gebets:

>*»Dieser Frage nähere ich mich mit großer Scheu und einem Empfinden völliger Unwürdigkeit. Ich vermute, dass wir alle in diesem Punkt mehr versagen als irgendwo anders.«*[6]

Unser Gebetsleben – persönlich und als Gemeinde – ist die Messlatte für unseren geistlichen Grundwasserspiegel. Nirgendwo anders wird unsere geistliche Dürre und Kraftlosigkeit so offensichtlich.

»Kein Mensch ist größer als sein Gebetsleben!«[7], und man könnte ergänzen: »… und keine Gemeinde ist größer als ihre Gebetsstunde.« Leider macht man aber in den Gemeinden meist folgende Beobachtung:

- Keine Veranstaltung der Gemeinde ist so schlecht besucht wie die wöchentliche Gebetsversammlung!
- Oft sind nicht einmal die verantwortlichen Leiter der Gemeinde regelmäßig anwesend!
- Junge Geschwister sind wenig oder selten anzutreffen.
- Mancherorts scheint die Gebetsstunde vom Aussterben bedroht zu sein – oder ist bereits abgeschafft worden aus Mangel an Interesse.

Welches Heilmittel gibt es gegen diese erschreckende Gebetsmüdigkeit oder Gleichgültigkeit?

Bücher, Vorträge, Konferenzen und Seminare zu diesem Thema können sicher eine Hilfe sein. Jedoch die zuverlässigste und nachhaltigste Ermutigung und Anleitung zum Gebet liefert uns das Vorbild unseres Herrn.

In Epheser 5,1 werden wir aufgefordert, »*Nachahmer*« Gottes als »*geliebte Kinder*« zu sein. Hier steht im griechischen Grundtext ein Wort, von dem »mimen«, »imitieren« oder auch »Pantomime« abgeleitet wird. Ein guter und überzeugender Imitator identifiziert sich völlig mit einer Person, die er imitieren möchte. Er ist fasziniert von ihr, hat sie sorgfältig beobachtet und studiert und ist dann in der Lage, mehr oder weniger gut das Auftreten dieser Person nachzuahmen.

In 1. Johannes 2,6 lesen wir, dass wir »*schuldig sind, selbst auch so zu wandeln, wie er [unser Herr] gewandelt ist*«. Sein Leben – und damit auch sein Gebetsleben – ist also Vorbild und Maßstab unseres Gebetslebens. Wenn wir das praktische Leben unseres Herrn in den Evangelien studieren und seine Gebetsgewohnheiten überdenken, wird das Vorbild unseres Herrn und die Liebe zu Ihm uns mehr als alles andere anspornen, ihn zu »imitieren« und ihm dadurch ähnlicher zu werden (vgl. 2Kor 3,18).

Deswegen sollen uns Szenen aus dem Gebetsleben des Herrn in den nächsten Kapiteln beschäftigen, die uns besonders Lukas in seinem Bericht ausführlich beschrieben hat.

Es sind sieben Szenen, in denen der Herr betete und auch das Umfeld und der Anlass der Gebete des Herrn beschrieben werden.

Bekanntlich wird der Herr Jesus im Lukas-Evangelium als »wahrer Mensch« beschrieben. Seine Empfindungen, seine Gewohnheiten, seine Lebensumstände, seine Armut, sein Mitgefühl und seine Liebe zu den Menschen usw. werden von dem Arzt und Menschenfreund Lukas besonders eindrücklich geschildert.

Lukas hatte den Auftrag, Jesus als einen vollkommenen und sündlosen Menschen zu beschreiben – einen Menschen, so wie

Gott ihn sich vorgestellt hat und der in jeder Beziehung zur Ehre und Freude Gottes gelebt hat.

Matthäus schildert nur zwei Gebetsszenen Jesu, Markus berichtet drei und Johannes hat wohl den Inhalt einiger Gebete des Herrn aufgeschrieben, aber das Wort »Gebet« nicht gebraucht und auch die äußeren Umstände der Gespräche Jesu mit seinem Vater nur angedeutet.

Mit Recht hat man das Lukas-Evangelium auch als »das Evangelium der Jüngerschaft« bezeichnet, in dem der Herr uns als das Idealbild eines Jüngers vorgestellt und zur Nachahmung empfohlen wird. Sicher ist das auch ein Grund dafür, dass der Heilige Geist Lukas inspiriert hat, uns das Gebetsleben Jesu als Vorbild für unser Gebetsleben ausführlich und anschaulich zu schildern.

Bekanntlich ist es leichter, »Fußspuren zu folgen als Befehlen«. So hoffen wir, dass die folgenden Ausführungen über das Gebetsleben unseres Herrn und auch die Beispiele aus der Bibel und der Kirchengeschichte nicht wie »Befehle« wirken oder entmutigen, sondern wie »Fußspuren« wirken, die in den Herzen den Wunsch wecken, diesen Spuren – wenn auch mit ungleich kleineren Schritten – zu folgen.

»Was ich Ihnen einprägen möchte, ist, Christus zu studieren, sodass wir ihm gleich werden mögen. Nichts anderes füllt die Seele mit Segnung und Ermutigung. Nichts wirkt so heiligend, gibt so das lebendige Gefühl der göttlichen Liebe und schenkt uns Mut. Der Herr gebe uns, dass wir – ruhend in seinem kostbaren Blut – ihn nun betrachten, uns von ihm nähren und durch ihn leben.«[8]

J. N. Darby (1800–1882)

2

Mit Gebet begann
der öffentliche Dienst unseres Herrn

»Es geschah aber, als das ganze Volk getauft wurde und Jesus getauft war und betete, dass der Himmel aufgetan wurde und der Heilige Geist in leiblicher Gestalt, wie eine Taube, auf ihn herniederfuhr und eine Stimme aus dem Himmel erging: Du bist mein geliebter Sohn, an dir habe ich Wohlgefallen gefunden.«

Lukas 3,21-22

Jesus, der Sohn Gottes, lässt sich im Jordan taufen und beginnt so seinen Dienst in der Öffentlichkeit! Johannes der Täufer hatte ihn angekündigt und nun reihte sich der Herr in die Menge der Israeliten ein, die sich von Johannes zur Buße rufen ließen und vor der Taufe im Gebet ihre Sünden bekannten (Mk 1,5).

Doch der vollkommene, sündlose Sohn Gottes hatte keine Sünden zu bekennen. Dennoch berichtet Lukas, dass er anlässlich der Taufe betete.

Dieses Detail bemerkt kein anderer Evangelist und so scheint es, dass der Heilige Geist die Aufmerksamkeit darauf richten möchte, dass der öffentliche Dienst unseres Herrn mit Gehorsam und Gebet begann.

Gott als Mensch auf der Erde und betend – welch eine Herablassung, welch eine beschämende Demut!

Lukas ist der Evangelist, der als Einziger nicht nur dieses erste öffentliche, sondern auch das letzte Gebet Jesu vor seinem Tod aufgezeichnet hat: *»Vater, in deine Hände übergebe ich meinen Geist!«* (Lk 23,46).

Mit Gebet begann der Dienst unseres Herrn – und er endete mit Gebet! Sein Lebenswerk war gleichsam eingerahmt von Gebet und zeigte die völlige Abhängigkeit des Herrn von seinem Vater.

Die Wurzel aller Sünde ist Eigenwille, Unabhängigkeit und Selbstverwirklichung. Der erste uns in der Bibel überlieferte Satz des Teufels lautete: *»Hat Gott wirklich gesagt …?«* (1Mo 3,1), und die erste Äußerung des Pharaos von Ägypten, dem Unterdrücker des Volkes Gottes, zeugt von Arroganz und ungebrochener Überheblichkeit: *»Wer ist der Herr, auf dessen Stimme ich hören soll, um Israel ziehen zu lassen?«* (2Mo 5,2).

Aber hier am Jordan sehen wir den Schöpfer und Erhalter allen Lebens, wie er mit demütigem Gebet den schweren Weg antritt, der am Kreuz auf Golgatha enden wird.

»Wer kann dies Lieben voll erfassen:
hier unter Sündern ziehet ein,
der, den das Weltall nicht kann fassen,
will vollkommener Diener sein.«
Henri Rossier

Während die Menschen am Ufer des Jordan die Bedeutung dieser Szene weder erahnten noch verstanden, konnte Gott dazu nicht schweigen. Der Himmel öffnete sich und der Heilige Geist fuhr »in leiblicher Gestalt, wie eine Taube« auf den Sohn Gottes herab, während die Stimme Gottes ertönte: »Du bist mein geliebter Sohn, an dir habe ich Wohlgefallen gefunden.«

Die ausgedrückte Freude des Vaters an seinem Sohn und die Bestätigung des Heiligen Geistes, der wie eine Taube – das Symbol der Reinheit, Einfalt und Unschuld – auf ihn kam, zeigt uns Nachfolgern Jesu, welche Gesinnung und welches Auftreten Gottes Bestätigung und Segen findet.

Natürlich hatte unser Herr den Heiligen Geist zu aller Zeit in sich und es ist ein Irrtum, wenn einige Verkündiger lehren, dass wir hier die »Geistestaufe« Jesu finden.

Vielleicht hilft uns ein Bild aus dem Alten Testament, die Bedeutung dieser Szene richtig zu verstehen: Bei den Opfervorschriften in 3. Mose 2,1-10 finden wir beim Speisopfer, dass es aus Feinmehl, Öl und Weihrauch bestehen sollte. Es sollte als Ofengebäck mit Öl »*gemengt*« oder als Fladen mit Öl »*gesalbt*« werden.

Die typologische Bedeutung ist nicht schwer zu erkennen:

Das Feinmehl bildet die Reinheit und moralische Vollkommenheit unseres Herrn ab und das Öl ist bekanntlich ein Bild des Heiligen Geistes, während Weihrauch von Hingabe und Weihe spricht. So war der Herr Jesus als Mensch vom Heiligen Geist durchdrungen (»wesensgleich«), aber auch gleichzeitig »gesalbt«, was durch das Herabkommen des Heiligen Geistes in Form der Taube bei der Taufe für alle Umstehenden deutlich wurde.

Vielleicht finden wir hier auch eine Erfüllung der Verheißungen aus Jesaja 42,1 und Psalm 89,21.22:

»Siehe, mein Knecht, den ich stütze, mein Auserwählter, an dem meine Seele Wohlgefallen hat: Ich habe meinen Geist auf ihn gelegt, er wird den Nationen das Recht kundtun.«

»Ich habe David gefunden, meinen Knecht – mit meinem heiligen Öl habe ich ihn gesalbt –, mit dem meine Hand fest bleiben soll, und mein Arm soll ihn stärken.«

Im Alten Testament war die Salbung eines Königs, Priesters oder Propheten die öffentliche Bestätigung oder Einsetzung zu einem besonderen Dienst. Und genau das geschah hier im Leben Jesu nach seiner Taufe. Gott bestätigte den Dienst und die Bevollmächtigung seines Sohnes mit einem für alle Anwesenden sichtbaren Zeichen.

Was können wir als Jünger Jesu aus diesen Beobachtungen lernen?

1. Ein fruchtbares Leben zur Ehre und Freude Gottes und zum Segen unserer Mitmenschen sollte mit Gebet beginnen und mit Gebet enden – als Zeichen unserer Abhängigkeit von Gott. Jeder Tag, jeder Auftrag, unser gesamtes Leben sollte von Gebet umrahmt sein.

Wie wertvoll ist der eindringliche Rat C. H. Spurgeons:

> *»Sieh keinem Menschen ins Gesicht, bis du das Angesicht Gottes gesehen hast. Sprich mit niemandem, bevor du nicht das Gespräch mit dem Höchsten gehabt hast. Gehe nicht an deine Arbeit, ohne dass deine Lenden mit dem Gürtel der Andacht umgürtet sind, damit dir dein Werk gelingt. Beginne nicht den Lauf, bevor du nicht im Gebet alle Last beiseitegelegt hast, sonst verlierst du den Wettkampf.«*[9]

> *»Jeden Tag in meinem Leben*
> *lass mich das, was du gegeben,*
> *vor den andern nicht verbergen,*
> *die im Alltag bei mir stehn.*
> *All mein Tun soll ihnen zeigen,*
> *all mein Reden und mein Schweigen,*
> *dass durch deine Hand im Leben*
> *alles anders werden kann.«*
> *W. Kilp*

Von dem bekannten Afrika-Forscher und Missionar David Livingstone (1813–1873) schildern seine Biografen, wie er in den Sumpfgebieten von Ilala (Sambia) mit seinen Kräften völlig am Ende, an Geschwüren und inneren Blutungen leidend von seinen Helfern nur noch auf einer Bahre getragen werden konnte. Für die Nacht hatten Helfer eine Hütte als Schutz vor dem Nieselregen aufgebaut. Vor dem Eingang hatte man einen Jungen postiert, um während der Nacht in Rufnähe zu sein. Als dieser morgens um vier Uhr nach Livingstone schaute, lag der Missionar nicht auf seiner Trage, sondern kniete davor. Voller Sorge und Furcht holte der Junge andere Helfer, die sich schließlich ängstlich an die kniende Gestalt heranschlichen und dann erschüttert feststellen mussten, dass sie bereits kalt und steif war. David Livingstone hatte seine große Aufgabe im Herzen Afrikas auf den Knien beendet und war betend – wie sein großer Meister – einsam und doch nicht allein in die Ewigkeit hinübergegangen …

Wenige Wochen vorher, an seinem letzten Geburtstag, hatte er in sein Tagebuch geschrieben:

»Mein Jesus, mein König, mein Alles; ich gebe dir nochmals mein ganzes Leben hin. Nimm mich an und gib, o ehrwürdiger Vater, dass ich meine Aufgabe beendet habe, bevor dieses Jahr vorüber ist. Dies bitte ich in Jesu Namen. Amen, so lass es geschehen.«[10]

2. Wo ernsthaft gebetet wird, öffnet sich der Himmel und Gott bekennt sich zu unserem Dienst und zu unseren Gebeten – manchmal in besonders eindrücklicher Weise.

In Apostelgeschichte 4,23-31 lesen wir von einer der ersten Gebetsversammlungen der jungen Gemeinde in Jerusalem. Die Obersten der Juden mit ihren Ältesten und Hohenpriestern hatten Petrus und Johannes nach deren evangelistischer Bußpredigt ermahnt und bedroht, nicht mehr im Namen Jesu *»zu irgendeinem Menschen zu reden«* (V. 17). Nachdem die beiden Apostel ihre Erlebnisse und das Redeverbot der versammelten Gemeinde mitgeteilt hatten, begannen sie einmütig zu beten. Und Gott bekannte sich zu den Gebeten:

> *Und als sie gebetet hatten, erbebte die Stätte, wo sie versammelt waren; und sie wurden alle mit Heiligem Geist erfüllt und redeten das Wort Gottes mit Freimütigkeit.« (V. 31)*

Haben wir jemals eine ähnliche Erfahrung gemacht – persönlich oder als Gemeinde?

Gab und gibt es in unseren Gebetsstunden Momente, in denen der Heilige Geist »Bewegungen« auslösen konnte, die mit einer geistlichen Kraftausrüstung für unsere evangelistischen und sonstigen Aufgaben verbunden sind?

Oder sind unsere Gebetsversammlungen von Müdigkeit, Routine und einschläfernder Langeweile geprägt, sodass man gewisse Brüder – wie ich das in meiner Jugend oft erlebte – aufwecken musste, nachdem alle anderen vom Gebet aufgestanden waren. (Diese Peinlichkeit erlebt man dort nicht mehr, weil inzwischen die wöchentliche Gebetsstunde aus Mangel an Beteiligung abgeschafft wurde und man dafür Hauskreise eingerichtet hat.)

»Erfüllung mit dem Heiligen Geist« sollte für uns kein Tabu-Thema sein, nur weil in gewissen Kreisen damit Missbrauch und Manipulation getrieben wird. Wir werden im Neuen Testament dazu aufgefordert, die Voraussetzungen dafür zu schaffen (Eph 5,18-21).

Schade, wenn wir diese Erfahrung nur aus Büchern und Missionsberichten kennen …

Die »Große Erweckung« in England und Amerika wird meist in Verbindung mit dem 1. Januar 1739 gebracht.

An diesem Neujahrstag waren in der Londoner »Fetter Lane Society« George Whitefield, John und Charles Wesley, vier weitere Londoner Methodisten und 60 Herrnhuter zu einem »Liebesmahl« versammelt.

John Wesley berichtet in seinem Tagebuch über diesen denkwürdigen Tag:

> *»Gegen drei Uhr morgens, während wir beteten, kam die Kraft Gottes plötzlich mit solch einer Macht über uns, dass viele vor Freude laut weinten und andere zu Boden fielen. Sobald aber die Furcht und das Erstaunen über die so spürbare Gegenwart Gottes nachgelassen hatten, brach es aus uns heraus: ›Wir preisen dich, o Gott. Wir erkennen an, dass du der Herr bist.‹«*[11]

Drei Tage später fand ein weiteres Treffen statt und George Whitefield vermerkte dazu in seinem Tagebuch:

> *»Wir verharrten im Fasten und Gebet bis drei Uhr und gingen dann mit der festen Überzeugung auseinander, dass Gott unter uns Großes tun würde.«*[12]

In den folgenden Wochen schenkte Gott eine Erweckung – zuerst in England und dann in Amerika, in der zunächst George Whitefield und später John Wesley das Evangelium zu manchmal 30 000, 50 000 und mehr Zuhörern unter freiem Himmel predigten.

Der Geist Gottes konnte damals so mächtig wirken, dass nicht nur Tausende ihre Bekehrung erlebten, sondern auch die sozialen Verhältnisse, die Moral und die Politik völlig und nachhaltig verändert wurden.

3

Das Gebet in der Einsamkeit

»Aber die Rede über ihn verbreitete sich umso mehr; und große
Volksmengen versammelten sich, um ihn zu hören und von
ihren Krankheiten geheilt zu werden. Er aber zog sich zurück
und war in den Wüsteneien und betete.«   *Lukas 5,15-16*

Nach der Taufe im Jordan wurde Jesus *»voll Heiligen Geistes«* durch den Geist in die Wüste geführt, um vom Teufel versucht zu werden (Lk 4,1). 40 Tage lang wurde er in dieser schauerlichen Umgebung *»umhergeführt und ... von dem Teufel versucht«* (V. 1-2). Aber jede Version der raffinierten Versuchungstaktik des Satans scheiterte an der Sündlosigkeit und Treue unseres Herrn. Während der Satan gescheitert und geschlagen *»für eine Zeit«* (V. 13) das Weite suchte, kehrte unser Herr *»in der Kraft des Geistes«* (V. 14) nach Galiläa zurück.

In den folgenden Versen lesen wir, wie aus Kapernaum und den umliegenden Städten die Menschen zusammenströmten, um *»ihn zu hören und von ihren Krankheiten geheilt zu werden«*. Man könnte diese Abschnitte überschreiben mit *»*Erweckung in Galiläa«! Sogar aus dem immerhin einige Tagereisen entfernten Judäa und Jerusalem kamen die Volksmengen (Lk 5,17). Darunter auch die Theologen der damaligen Zeit, um den Prediger aus Nazareth zu hören und seine Wunder zu sehen.

Die Wogen der Begeisterung gingen hoch. Die Kraft seiner Worte wie auch seiner Wunder hatte sich im Land herumgesprochen. Die Türen für das Evangelium – so würde man heute sagen – waren weit offen. Vielleicht haben manche seiner begeisterten Jünger sich damals die Hände gerieben und geraten: »Man muss das Eisen schmieden, solange es heiß ist!« Die Voraussetzungen für Evangelisation konnten strategisch gesehen nicht besser sein.

Aber genau zu diesem Zeitpunkt lesen wir, dass der Herr Jesus die Gunst der Stunde nicht nutzte. Er ließ und lässt sich nicht vom Rückenwind der günstigen Gelegenheit und Popularität treiben. Er zog sich in die Stille und Einsamkeit der Wüste zurück und betete.

Luther (1912) übersetzt diese Stelle mit *»er aber entwich«* – womit ausgedrückt wird, dass er sich bewusst, aber unauffällig dem Lärm und dem Gewühl der Menschenmenge entzog, um zu beten. Er machte aus seiner Gebetstreue keine Demonstration oder Provokation, sondern *»entfernte sich unauffällig«*.

Diese Haltung wird auch aus Markus 1,35 deutlich, wo Markus berichtet: *»Und frühmorgens, als es noch sehr dunkel war, stand er auf und ging hinaus; und er ging an einen öden Ort und betete dort.«*

Auch bei dieser Gelegenheit entfernte er sich von der Volksmenge, die ihn suchte. Aber es scheint so, als hätte er sich mitten in der Nacht auch »unauffällig« von seinen schlafenden Jüngern entfernt, um das Gespräch mit dem Vater zu suchen, bis der Morgen dämmerte.

Natürlich stellt sich hier die Frage: Hatte der Herr das nötig? Lebte er nicht in einer ständigen Verbindung und Gebetshaltung mit dem Vater? Konnte er nicht von sich sagen: *»Ich aber bin stets im Gebet«* (Ps 109,4)?

Tatsache ist, dass unser Herr als wahrer Gott und vollkommener Mensch die Stille und Einsamkeit aufsuchte, um ungestört und in Ruhe mit dem Vater zu sprechen. Welch ein beschämendes Vorbild für die Jünger damals und heute!

Wie viel mehr haben wir es dann als schwache und sündige Nachfolger nötig, Zeiten der Gemeinschaft im Gebet mit Gott nachdrücklich zu suchen und zu pflegen!

Was war die Folge der Gebete Jesu in der Einsamkeit?

Direkt im Anschluss an die Schilderung der Gebetszeit Jesu berichtet Lukas, dass die Pharisäer und Gesetzeslehrer *»aus jedem Dorf von Galiläa und Judäa und aus Jerusalem gekommen waren«*, um Jesu Lehre zu hören. Sie saßen aufmerksam und kritisch zugleich vor ihm und wurden Zeugen davon, dass *»die Kraft des Herrn da war, dass er heilte«* (V. 17).

Auch hier wird der Zusammenhang zwischen intensivem Gebet im Verborgenen und geistlicher Kraft in der Öffentlichkeit deutlich.

Es drängt sich die Frage auf, ob die auffällig vielen Fälle von »Burn-outs« bei begabten und sich verausgabenden Brüdern in der Gegenwart hier und da auch auf die im Tagesablauf nicht konsequent eingeplante und daher fehlende Zeit der Stille vor Gott zurückgeführt werden kann!

Was können wir aus der Gebets-Praxis unseres Herrn lernen?

1. Viel Arbeit für Gott darf kein Grund sein, auf Gebet zu verzichten oder es einzuschränken. Im Gegenteil: Je mehr Aufgaben und Arbeit, umso mehr Stille und Gebet sind nötig!

Martin Luther soll auf die Frage, wie sein Plan für den nächsten Arbeitstag aussehe, geantwortet haben: *»Arbeit, Arbeit von früh bis spät. Und in der Tat habe ich so viel zu tun, dass ich die ersten drei Stunden im Gebet verbringen werde.«*[13]

Viel Arbeit war für Luther kein Argument für eine eingeschränkte Gebetszeit – im Gegenteil!

Der 23-jährige George Whitefield (1714–1770) wurde als junger Prediger in London so populär und beliebt, dass er *»nicht mehr wie üblich zu Fuß gehen konnte«*, sondern sich von einer Kutsche von Ort zu Ort fahren lassen musste, *»um so den Hosanna-Rufen der Volksmengen zu entgehen«.*[14]
Einer seiner Biografen schrieb über ihn:

> *»Sein Name war in aller Munde. Tausende und Zehntausende erkundigten sich nach ihm. Seine Stellung war gefährlich. Die Beliebtheit bei so großen Menschenmengen hätte ihn verderben können, aber die Gnade Gottes bewahrte ihn.«*[15]

Aber am 8. Januar 1738 hatte er der Volksmenge in London den Rücken zugekehrt und ein Segelschiff bestiegen, das ihn über den Ozean nach Georgia (USA) bringen sollte.

Die damals monatelange und nicht ungefährliche Überfahrt nutzte der Prediger, um sich den Tag strikt einzuteilen und mehrere Stunden für den Umgang mit Gott im Gebet und über der Bibel zu reservieren, die er übrigens bis an sein Lebensende immer kniend las.

Am Tag seiner Abreise schrieb er in sein Tagebuch:

> *»Wer nicht willens ist, sich auf Gottes Geheiß hin zu verbergen, so wie er zuvor im Licht der Öffentlichkeit gestanden hat, verdient nicht, ein Christ zu heißen.«*[16]

Leider muss ich aus eigener Erfahrung sagen, dass ausgerechnet in Zeiten von besonders viel Aktivität und Stress »für den Herrn« z. B. auf Freizeiten, Konferenzen, Missionseinsätzen usw. die Gebetszeit zu kurz kommt. Manchmal fällt sie sogar fast völlig aus.

Ausgerechnet Einsätze, die viel geistliche Kraft benötigen, werden nicht durch intensive Stille vor dem Herrn vorbereitet und geprägt. Das, was sich kein Leistungssportler erlauben darf – unausgeruht und ausgehungert an den Start zu gehen –, erlauben wir uns als Diener Gottes. Und anschließend wundern und beklagen wir uns über den ausbleibenden Segen und Sieg. Paradox – aber leider wahr!

A. W. Tozer:

>*Sieh zu, dass du mehr betest als predigst! Verbringe mehr Zeit mit Gott im Verborgenen als mit Menschen in der Öffentlichkeit. Halte dein Herz für den Geist Gottes offen, dass er dich beeinflussen kann. Pflege mehr die Bekanntschaft mit Gott als die Freundschaft mit Menschen. Dann wirst du immer genügend Brot für die Hungrigen haben!*«[17]

2. Es ist gut, einen Ort und eine Tageszeit zu wählen, wo man ungestört beten kann.

Wenn man Christen fragt, welche Gründe dafür eine Rolle spielen, warum sie sich nicht mehr Zeit zum Beten nehmen, antworten die meisten: »Keine innere oder äußere Ruhe!« (siehe Umfrage im Anhang).

Unser Herr wählte einsame Orte wie die Wüste, einen *»öden Ort«* oder den Ölberg, wohin er sich zum Gebet zurückzog. Dazu wählte er meist den frühen Morgen, *»als es noch sehr dunkel war«*. Also einen Ort und eine Tageszeit, die auf jeden Fall gewisse Störungen von außen weitgehend ausschloss und auch beste Voraussetzungen dafür bot, dass auch die Seele zur Ruhe kommen konnte.

Personen der Bibel und auch der Kirchengeschichte scheinen darin übereinzustimmen, dass ein frühes Aufstehen, um vor

Arbeitsbeginn in Ruhe beten zu können, mit besonderem Segen verbunden ist. Das Sprichwort »Morgenstund hat Gold im Mund« scheint sich auch hier zu bewahrheiten.

Unser Herr ist uns darin ein großes Vorbild. Aber es ist auch interessant zu studieren, welche Personen der Bibel gute Erfahrungen mit der »Stillen Zeit« am Morgen gemacht haben.

Von Männern wie Abraham, Mose, Gideon und Samuel lesen wir immer wieder, dass sie früh aufstanden, um Gott im Gebet zu suchen, oder auch, um Gott gehorsam zu sein.

Auch von David wird das an manchen Stellen in den Büchern Samuel berichtet. Er selbst beschreibt in den Psalmen eindrücklich seine Gewohnheiten und Erfahrungen mit dem Gebet in der Frühe des Tages:

> »Der Morgendämmerung bin ich zuvorgekommen und habe geschrien; auf dein Wort habe ich geharrt. Meine Augen sind den Nachtwachen zuvorgekommen, um zu sinnen über dein Wort.«
> Psalm 119,147-148

> »Früh wirst du, Herr, meine Stimme hören, früh [oder in der Frühe] werde ich dir mein Anliegen vorstellen.«
> Psalm 5,4

In der Wüste Juda betete David:

> »Gott, du bist mein Gott! Früh suche ich dich.«
> Psalm 63,2

Watchman Nee urteilt etwas provozierend:

> »Das kränkliche Christenleben, welches heute unter Gottes-kindern vorherrscht, ist weniger auf schwerwiegende Probleme zurückzuführen als auf die Tatsache, dass morgens zu spät auf-gestanden wird ... Ich kenne niemand, der dem Herrn nahe ist, der spät aufsteht.«[18]

Natürlich wollen und dürfen wir aus diesen Beobachtungen und Erfahrungen kein Gesetz machen und auch keinen Druck auf die Gewissen ausüben. Für manche Christen wird es vom Beruf, von der gesundheitlichen Verfassung oder auch von besonderen Lebensumständen her schwer möglich sein, am frühen Morgen die Stille vor Gott zu suchen.

Als unsere sieben Kinder noch klein waren, war es für meine Frau Ulla nicht leicht, in dem ständigen Alltagstrubel Zeit und Ruhe zum Bibellesen und für das Gebet zu finden. Sie steckte dann irgendwann am Tag ihren Kopf unter ein Tuch oder eine Decke und die Kinder wussten: Jetzt ist Mama in ihrem »Gebetszimmer«. Es war allen klar, dass sie nun für eine gewisse Zeit nicht gestört werden durfte, und sie bemühten sich, darauf Rücksicht zu nehmen, etwas weniger Lärm zu machen und lautstarke Rivalitäten auf eine spätere Zeit zu verschieben.

Manche Mütter stellen für die Zeit ihrer »Stille mit Gott« ein besonders attraktives Spielzeug für die Kinder bereit oder lassen sie eine beliebte CD hören. Andere verziehen sich dann ins Schlafzimmer oder zur Not auch auf die Toilette. Einige lesen den Bibeltext laut vor, sodass gleichzeitig auch die Kinder davon einen Gewinn haben können. Das wird je nach Alter, Prägung und Umständen unterschiedlich und zu Anfang wahrscheinlich auch schwierig sein, die Kinder daran zu gewöhnen. Doch wenn es eine feste Gewohnheit geworden ist, wird es sehr hilfreich und ganz sicher auch für die Kinder ein gutes Vorbild sein.

Aber alle, die ihren Tagesablauf unter normalen Umständen planen können, sollten die Ratschläge von John Piper nicht in den Wind schlagen, der in seinem ausgezeichneten Buch »*Wenn die Freude nicht mehr da ist*« Folgendes zu bedenken gibt:

»Die Disziplin, früh aufzustehen, ist nicht so schwierig wie die Disziplin, ins Bett zu gehen. Das war nicht immer so. Bevor

es Strom und Radio und Fernsehen und Internet gab, war es nicht schwierig, kurz nach Einbruch der Dunkelheit ins Bett zu gehen. Es gab nicht viel zu tun. Heutzutage müssen wir uns gegen die stärksten Verlockungen wenden, aufzubleiben und Unterhaltung zu haben. Deshalb muss der Kampf gegen Müdigkeit, die uns schläfrig macht, sobald wir unsere Bibel am Morgen öffnen, am Abend gekämpft werden, nicht erst am Morgen.

Wenn Sie entschieden haben, wann der Wecker Sie zum Gebet rufen wird, dann entscheiden Sie, wann Sie ins Bett gehen müssen, damit Sie nicht erschöpft sind, wenn der Wecker losgeht. Wenn Sie Koffein brauchen, um am Morgen wach zu bleiben, dann werde ich das Ihrem Gewissen überlassen. Vielleicht ist das der Grund, warum Gott ihn geschaffen hat. Für das Gebet wach zu bleiben, ist auf jeden Fall ein besserer Gebrauch von Koffein, als für sonst irgendetwas wach zu bleiben.«[19]

3. Mach aus der »Stillen Zeit« keine Demonstration Deiner Frömmigkeit und lass in dem Zusammenhang keinen Stolz aufkommen!

Erinnern wir uns: Der Herr *»entwich«* oder *»entfernte sich unauffällig«*, um an einem öden und ruhigen Ort zu beten. Er praktizierte das, was er in Matthäus 6,5-6 die Jünger über das öffentliche Beten gelehrt hatte. Nicht wie die Heuchler, die an öffentlichen Plätzen beten, um gesehen und bestaunt zu werden, sondern hinter verschlossenen Türen in der Kammer – im »Verborgenen«!

Das bedeutet z. B., dass man sich nicht während missionarischer Einsätze, Konferenzen oder Freizeiten morgens um 5.00 Uhr von einem Wecker mit möglichst großem Lärm wecken lässt, blitzschnell aus dem Bett springt, geräuschvoll die

Bibel aufschlägt und anschließend auf die Knie poltert, um den inzwischen wach gewordenen »ungeistlichen« Zimmerkollegen mit dieser Demonstration der eigenen Frömmigkeit ein schlechtes Gewissen zu machen.

Wer seine »Frömmigkeit« auf diese oder ähnliche Weise in das Schaufenster der Öffentlichkeit stellt, darf sich nicht wundern, wenn sie ihm über kurz oder lang »gestohlen« wird.

4. Suche oder schaffe nach Möglichkeit einen vertrauten Ort, wo Du regelmäßig beten kannst.

Von unserem Herrn Jesus lesen wir, dass er die Gewohnheit hatte, sich an den Ölberg zurückzuziehen. Dort übernachtete er gelegentlich (Lk 21,37) und dort gab es auch einen bestimmten Ort, wo er zu beten pflegte (Lk 22,39-40).

Natürlich soll unser Gebetsleben nicht von der Umgebung abhängig sein. Dennoch kann ein vertrauter Ort, wo möglichst kein Handy, Internet, Telefon oder sonstige Geräte oder Umstände ablenken können, eine Hilfe sein, innerlich und äußerlich zur Ruhe zu kommen, um vor Gott das Herz auszuschütten oder ihn anzubeten.

In meinem Fall ist es ein alter Sessel meines Schwiegervaters in meinem Arbeitszimmer, der ein stiller Zeuge meiner Sorgen, Freuden und Gebetsanliegen ist. Andere werden eine vertraute Ecke im Wohnzimmer, in der Küche, im Keller, auf dem Dachboden oder irgendwo in der freien Natur haben, wo sie »Stille Zeit« halten.

Auch hier gibt John Piper in dem oben erwähnten Buch einige bewährte Ratschläge:

»Denken Sie nicht, dass der Ort bequem sein muss. Denn: Ein bequemer Ort wird Sie wahrscheinlich dazu bringen, einzuschlafen. Es muss ein abgesonderter Raum sein, damit

Sie nicht abgelenkt werden und damit Sie laut reden und singen und weinen können. Früher oder später werden sie weinen – wenn Sie um die Seele Ihres jugendlichen Kindes ringen oder darum kämpfen, Ihre Ehe zusammenzuhalten, oder daran arbeiten, Ihren Stolz in Ihrem Leben zu töten. Sie müssen allein sein.«[20]

David Brainerd (1718–1747) war einer der ersten Missionare, der sich allein zu den Indianerstämmen in Nordamerika wagte, um dort die Sprachen der Indianer zu lernen, unter ihnen zu leben und ihnen das Evangelium zu verkündigen. Er litt in seinem kurzen Leben an manchen Krankheiten, hatte oft Zeiten tiefer Niedergeschlagenheit, erlebte Rückschläge in seiner Arbeit, aber auch gesegnete Erweckungszeiten.

Doch er hinterließ ein Tagebuch, das vielen späteren Missionaren die entscheidende Herausforderung war, ihr Leben dem Herrn zu weihen. Es ist ein Zeugnis dafür, dass dieser Mann ein intensives Gebetsleben praktizierte. Auch er hatte einen vertrauten Platz im Wald, von dem er in einer Tagebuch-Eintragung am 28. Juni 1744 berichtete:

»28. Juni: – Verbrachte den Morgen mit dem Lesen verschiedener Teile der Heiligen Schrift und mit inbrünstigem Gebet für meine Indianer, dass Gott sein Reich unter ihnen aufrichten und sie in seine Gemeinde bringen möge. Etwa um neun zog ich mich an meinen gewöhnlichen Rückzugsort in den Wäldern zurück und hatte dort wieder einigen Beistand im Gebet. Mein großes Anliegen war die Bekehrung der Heiden zu Gott und der Herr half mir, ihn dafür zu bitten. Gegen Mittag ritt ich hinauf zu den Indianern, um ihnen zu predigen. Und während ich ging, erhob sich mein Herz im Gebet für sie. Ich konnte Gott freimütig sagen, er wisse, dass die Sache, zu der ich mich verpflichtet hatte, nicht die meine, sondern dass es

seine Sache war und dass es zu seiner Ehre wäre, wenn er die
armen Indianer bekehrt.«[21]

Von Brainerd wird auch erzählt, dass er sich eines Tages ent-
schloss, einen Indianerstamm aufzusuchen, der als äußerst frem-
denfeindlich und mörderisch bekannt war. Einige Freunde von
ihm rieten ihm dringend ab, sein Leben aufs Spiel zu setzen.
Aber Brainerd wusste sich von Gott gerufen und verabschiedete
sich von seinen Freunden, die damit rechneten, ihn zum letzten
Mal gesehen zu haben.

Mit einem kleinen Wanderzelt und seinen wenigen Habselig-
keiten beladen, erreichte er bald sein Ziel und schlug kurz vor
dem Hauptdorf dieses Stammes sein Zelt auf, um sich im Gebet
auf die erste Begegnung vorzubereiten.

Er ahnte allerdings nicht, dass ihn schon längst ein feindlicher
Indianer beobachtet hatte und zum Häuptling geeilt war, um
ihm und seinen Kriegern seine Entdeckung mitzuteilen.

Sofort wurde ein Kriegsrat abgehalten und ein Trupp der
mutigsten Krieger losgeschickt, um den weißen Mann, der es
gewagt hatte, ihr Gebiet zu betreten, zu töten und zu skalpieren.

Dieser Stamm hatte die Gewohnheit, nicht offen, sondern
aus dem Hinterhalt seine Feinde anzugreifen, und so schlichen
sie zum Zelt Brainerds und warteten darauf, dass er heraustreten
würde, damit sie ihn mit ihren Pfeilen töten könnten.

Aber sie mussten lange warten und als einige Stunden ver-
gangen waren, schickten sie drei oder vier Männer los, um zu
erspähen, was der weiße Mann im Zelt tat. Sie sahen durch eine
Öffnung, dass er auf den Knien lag und mit irgendjemandem
sprach. Sie waren darüber so erstaunt, dass sie es nicht wagten,
ihm etwas anzutun.

Zu ihrem Entsetzen sahen sie, wie plötzlich eine Klapper-
schlange in das Zelt hineinkroch und sich auf den knienden weißen Mann zubewegte. Sie richtete sich vor ihm auf und wollte

ihre giftigen Zähne in seinen Nacken schlagen, wandte sich aber plötzlich von ihrem Opfer ab und glitt auf der entgegengesetzten Seite aus dem Zelt.

Die erstaunten Indianer schlichen lautlos davon, um dem Häuptling diese außergewöhnliche Geschichte zu erzählen. Brainerd aber, der von allem nichts ahnte, stand von seinen Knien auf, griff zu seiner Bibel und machte sich auf den Weg, um diesen gefürchteten Indianern das Evangelium zu sagen.

Zu seinem großen Erstaunen kam ihm der Häuptling mit seinen Kriegern bereits entgegen, aber nicht, um ihn zu töten, sondern um ihn wie einen lang ersehnten Freund zu empfangen – wie einen, der unter dem Schutz eines großen Gottes lebte.

Mit großer Freude predigte Brainerd diesen Männern das Evangelium und durfte in den folgenden Tagen erleben, wie der ganze Stamm durch das Evangelium von der rettenden Gnade des Herrn wie umgewandelt wurde und im einfältigen Glauben dem Evangelium gehorchte.

Der Pioniermissionar Adoniram Judson (1788–1850) hatte in Burma unglaubliche Widerstände, Feindschaft und Hass von den Burmesen erlitten. Er wurde gefoltert, ausgepeitscht, man wollte ihn zu Tode hungern, sperrte ihn wie ein Tier in einen Käfig ein und hatte schon das Datum und die Uhrzeit seiner Hinrichtung beschlossen. Aber er hatte im Dschungel eine kleine Hütte, wohin er sich manchmal tagelang zurückzog und in der Stille vor Gott neues Vertrauen und neue Freude und Kraft auftankte.

Dieser erfahrene, leiderprobte Missionar gab einige Ratschläge an Mitstreiter in der Missionsarbeit weiter:

»Richte deine Arbeit, wenn möglich, so ein, dass du mühelos zwei oder drei Stunden täglich nicht nur der Stillen Zeit im Allgemeinen, sondern speziell dem persönlichen Gebet und der Gemeinschaft mit Gott widmen kannst … Sei konsequent,

wenn es um Gottes Sache geht. Bringe alle möglichen Opfer, um deine Gebetszeiten aufrechtzuerhalten. Denke daran, dass deine Zeit kurz ist und dass dich die Arbeit und die Umgebung nicht deines Gottes berauben dürfen.«

Von dem bekannten Prediger und Autor A. W. Tozer (1897–1963) liest man in seiner Biografie, dass der Großteil seiner ausgedehnten Gebetszeit – bei der seine Bibel und seine Gesangbücher seine einzigen Begleiter waren – in einem Gemeindebüro stattfand:

> *»Er hängte seine Anzughose immer sorgfältig auf, schlüpfte in seinen Pullover und seine abgerissene ›Gebetshose‹ und setzte sich eine Weile auf seine altertümliche Bürocouch … Mit der Zeit verließ er die Couch, kniete nieder und legte sich schließlich mit dem Gesicht nach unten auf den Boden und sang dem Löwen des Stammes Juda Loblieder.*
> *Niemand maßte sich an, diese Zeiten der innigen Nähe zwischen A. W. Tozer und dem Liebhaber seiner Seele zu unterbrechen. Doch gelegentlich stieg einer der Männer, die ihm am nächsten standen, die Stufen zu seinem Büro hinauf und sah ihn zufällig auf der Couch oder dem Fußboden – wo er überhaupt nichts von der Welt mitbekam … Und mehr als einer von ihnen berichtete, dass Tozer mit dem Gesicht nach unten auf dem alten Teppich weinte oder stöhnte.«*[22]

Man mag über solche »Marotten« schmunzeln oder den Kopf schütteln – und doch sind sie Zeugnis einer Vertrautheit mit Gott und einer Sehnsucht nach Gemeinschaft mit dem Herrn, die uns heute leider weithin unbekannt geworden sind.

4

Anhaltendes Gebet – Grundlage für gesegnete Mitarbeit im Werk des Herrn

»Es geschah aber in diesen Tagen, dass er auf den Berg hinausging, um zu beten; und er verharrte die Nacht im Gebet zu Gott. Und als es Tag wurde, rief er seine Jünger herzu und erwählte aus ihnen zwölf, die er auch Apostel nannte.«

Lukas 6,12-13

Der Herr Jesus stand hier vor der Berufung seiner Apostel, die er aus der Menge seiner Jünger auswählen wollte. Interessant ist, dass diese wichtige Begebenheit sowohl von Matthäus als auch von Markus und Lukas erwähnt wird. Aber nur Lukas berichtet, dass der Herr vor der Wahl seiner Apostel eine *»Nacht im Gebet verharrte«*.

Es ging in dieser Szene um eine Entscheidung mit großer Tragweite. Es ging um die Zukunft des »Reiches Gottes« – um die Apostel, die in den kommenden drei Jahren, aber auch nach der Himmelfahrt Jesu das Evangelium zunächst in Judäa und Galiläa, aber dann über die Grenzen Israels hinaus in alle Welt tragen sollten. Die Namen dieser Männer sollten auf ewig an der Mauer der himmlischen Stadt geschrieben stehen (Offb 21,14).

Welch eine Verantwortung mit der Wahl der engsten Mitarbeiter verbunden ist, wird deutlich, wenn wir sehen, dass der Herr sich – als der von Gott abhängige Mensch – auf den Berg begab, um dort in der Stille und Abgeschiedenheit eine Nacht im Gebet zu verharren.

Mit Staunen sehen wir die Unterwürfigkeit des Sohnes Gottes unter den Willen des Vaters, die hier in der Gebetsnacht auf dem

Berg deutlich wird, und können eine Ahnung davon bekommen, welch eine Verantwortung mit der Wahl der Apostel verbunden war.

Gleichzeitig zeigt der Heilige Geist uns hier einige wichtige Prinzipien, die für uns als Mitarbeiter im Werk des Herrn von großer Bedeutung sind. Sie könnten uns vor manchen Fehlentwicklungen und Enttäuschungen bewahren, wenn wir sie beherzigen würden.

Sehen wir aber zunächst auf die äußeren Umstände, die mit der Berufung der Apostel verbunden waren:

Der Herr hatte zuvor am Sabbat den Mann mit der verdorrten rechten Hand geheilt, während die Schriftgelehrten und Pharisäer auf der Lauer lagen, um ihn anklagen zu können. Als Zeugen dieser erstaunlichen Heilung wurden allerdings ihre Herzen verhärtet und *»mit Unverstand erfüllt«* (V. 11), sodass sie anschließend nur ein Thema diskutierten: »Was sollen wir mit diesem Jesus machen?« Die nächsten Kapitel zeigen, wie diese religiösen Männer von Neid und Hass erfüllt damit begannen, die Beseitigung Jesu gezielt vorzubereiten. Der Herr Jesus aber zog sich zum Gebet zurück.

In Lukas 5 hatte Jesus vom alten und neuen Wein gesprochen, von alten und neuen Schläuchen. Jetzt bereitet er zwölf »neue Schläuche« für den neuen Wein, für die Verkündigung der frohen Botschaft vor. Und um das tun zu können, entfernt er sich von dem Theologen-Gezänk und steigt auf den Berg, um dort zu beten.

Berge werden, besonders im Alten Testament, oft als Orte der Gottesbegegnung oder Gottesoffenbarung erwähnt. Wir denken an bestimmte Opfer- und Gebetsszenen und erinnern uns an die Berge Morija, Nebo, Ebal und Karmel, die mit Männern und Betern wie Abraham, Mose, Josua und Elia in Verbindung stehen.

Wir haben schon daran gedacht, dass sich auch unser Herr oft auf einen Berg zurückzog, um dort zu übernachten (Lk 21,37), um allein zu sein (Joh 6,15) oder – wie hier vor der Wahl der Apostel – um zu beten.

Abseits vom Alltagstrubel, ohne Menschen und Jünger in der Nähe, nur in Gemeinschaft mit dem Vater. Eine Zeit, die der Herr als Mensch für seinen Dienst und seine Entscheidungen brauchte. Damit macht er uns – als seinen Nachfolgern – deutlich, wie viel mehr wir es nötig haben, solche Orte der Abgeschiedenheit zum Gebet und zur Neuausrichtung aufzusuchen, damit wir nicht ausbrennen oder uns wund laufen.

Die Herrnhuter »Brüdergemeine« hatte auf dem »Hutberg« eine kleine Wetter-Hütte, wohin sich Zinzendorf und seine Brüder oft zurückzogen, um dort manchmal bis nach Mitternacht zu beten. Vielleicht ist aus den Erfahrungen, die Zinzendorf besonders in den Erweckungsjahren Herrnhuts auf dem »Hutberg« machte, das schöne Lied entstanden, aus dem ich hier in der Original-Version zitiere:

»*Gottes Führung fordert Stille;*
wo der Fuß noch selber rauscht,
wird des ew'gen Vaters Wille
mit der eignen Wahl vertauscht.

Wer das leben will, der sterbe;
Wer nicht stirbt, der lebet nicht.
Ehe denn das Fleisch verderbe,
scheinet uns kein wahres Licht.«[23]

In der Stille der Nacht *verharrte* der Herr Jesus im Gebet. Nicht nur eine Stunde, nicht zwei Stunden, sondern bis der Morgen anbrach. Obwohl er als Gott wusste, wen er aus der Menge der Jünger wählen würde, verbrachte er die Nacht im Gebet.

Hat er in dieser Nacht schon für Petrus gebetet, der ihn später unter Fluchen und Schwören verleugnen würde?

Oder für Johannes, der nach vielen Jahrzehnten in der Verbannung die Offenbarung schreiben sollte?

Oder für Jakobus, den ersten der Jünger, der den Märtyrertod erleiden musste?

Oder auch für Judas, der ihn verraten würde?

Wir wissen es nicht. Aber wie beschämend für uns, dass er, der alles wusste, die Nacht im Gebet verbrachte und wir, die nicht wissen, welche Entscheidungen für die Zukunft richtig sind und was sie bringt, anhaltendes Gebet für überflüssig halten oder es zumindest vernachlässigen!

Als es Tag wurde, rief Jesus die Menge seiner Jünger zu sich und wählte aus ihnen zwölf, *»die er auch Apostel nannte«* (V. 13). Offensichtlich hat der Herr sie mit einer solchen Autorität berufen, dass wir vonseiten der zahlreichen Jünger von keinem Widerspruch und von keiner Beschwerde wegen Nichtbeachtung oder Bevorzugung lesen.

Anschließend stieg der Herr mit seinen Jüngern vom Berg herab, wo sich auf einer Hochebene eine große Menschenmenge aus der weiteren Umgebung versammelt hatte, *»um ihn zu hören und von ihren Krankheiten geheilt zu werden«* (V. 18). Bevor der Herr dann die Bergpredigt hielt, finden wir die kurze, aber inhaltsreiche Bemerkung: *»… es ging Kraft von ihm aus und heilte alle«* (V. 19).

Geistliche Kraft steht immer in Verbindung mit anhaltendem Gebet.

Was können wir daraus lernen?

1. Vor wichtigen Entscheidungen sollten wir uns in die Stille zurückziehen, um im anhaltenden Gebet Gottes Willen zu erkennen.

So wie unser Herr die Nacht im Gebet verbrachte (ein Bild der inneren Ruhe, wo man nicht von Terminen getrieben wird) und dazu auf einen Berg stieg (als Bild der äußeren Ruhe) sollten wir eine Zeit und einen Ort wählen, wo wir uns zum ausharrenden Gebet zurückziehen können. Wohl dem, der fern von Fernsehen, Internet, Telefon, Handy und sonstigen Ruhestörern einen Ort oder Raum der Stille aufsuchen kann.

1865 befand sich Hudson Taylor (1832 – 1905) in der Krise seines Lebens. Eine ernsthafte Krankheit hatte es 1860 nötig gemacht, seine Missionsarbeit in China zu unterbrechen und als Invalide nach England zurückzukehren. Es schien so, dass die Ärzte recht behalten sollten, als sie meinten, er sei niemals stark genug, um nach China zurückzukehren. Fünf Jahre hatte er nun mit seiner jungen Familie in einer armseligen Hintergasse eines Londoner Stadtviertels leben müssen. Er war erst 33 Jahre alt und die große Not von Chinas Millionen, die bisher nie das Evangelium gehört hatten, legte sich schwer auf seine Seele. Es fehlte an weiteren Mitarbeitern, die bereit waren, trotz aller Gefahren und Schwierigkeiten im Gehorsam und im Vertrauen auf Gottes Verheißungen nach China aufzubrechen.

Er hatte in den vergangenen fünf Jahren viel in der Stille für China gebetet, aber dann kam der Sonntagmorgen im Sommer 1865, wo er »*in großer geistlicher Qual*« hinaus an den Strand von Brighton wanderte und dort sein Leben und das Werk in China noch einmal Gott übergab.

Damals schrieb er in sein Tagebuch:

»Da und dort bat ich Gott um vierundzwanzig Mitarbei-
ter, zwei für jede der elf Provinzen, die ohne einen Missionar
waren, und zwei für die Mongolei. Nachdem ich diese Bitte
an den Rand meiner Bibel geschrieben hatte, die ich bei mir
trug, wandte ich mich mit friedevollem Herzen heimwärts,
einem Frieden, der mir monatelang fremd gewesen war. Ich
hatte die Zusicherung, dass Gott sein Werk segnen und ich an
diesem Segen Anteil nehmen würde ... «[24]

Jahre später betete Taylor um 100 weitere Mitarbeiter für China,
am Ende seines Lebens um 1000 hingegebene Männer und
Frauen – und Gott erhörte alle diese Gebete.

Seine Tochter und sein Schwiegersohn, die ihn oft auf
seinen Reisen durch China begleiteten, erinnerten sich später
an ihre Erlebnisse, wenn sie Monat für Monat mit ihm durch
Nordchina reisten. Das geschah auf Karren und Schubkarren,
und die Nächte verbrachten sie in armseligen Gasthäusern, wo
meist nur ein großer Schlafraum für Kulis und Reisende zugleich
vorhanden war, in dem sie mit irgendwelchen Vorhängen eine
Ecke für sich und ihren Vater abzutrennen versuchten:

»Und dann, nachdem der Schlaf die meisten übermannt hatte
und etwas Ruhe eingekehrt war, hörten wir, wie ein Streich-
holz angezündet wurde, und sahen das Flackern eines Kerzen-
lichtes, das davon sprach, dass Hudson Taylor, so müde er auch
war, über der kleinen Bibel saß, die er immer zur Hand hatte.
Die Zeit von zwei bis vier Uhr morgens nahm er sich zum
Gebet. Das war eine Zeit, in der er sicherging, in seinem Har-
ren auf Gott nicht gestört zu werden. Das flackernde Kerzen-
licht hat uns mehr bedeutet als alles, was wir über Gebet im

Verborgenen gehört oder gelesen hatten. Es bedeutete Realität; nicht predigen, sondern Praxis.«[25]

2. Nächte im Gebet – nur aus der Bibel und alten Büchern gekannt?

Das Beispiel unseres Herrn sollte Grund genug für uns sein, um die Notwendigkeit und den Wert anhaltenden, nächtelangen Betens in unser Bewusstsein einzubrennen. Wenn es um wichtige, weittragende Entscheidungen oder auch um aktuelle, brennende Nöte geht, sollten wir persönlich, als Mitarbeiter und auch als Gemeinde anhaltendes Gebet üben und praktizieren.

»Auf deine Mauern, Jerusalem, habe ich Wächter bestellt; den ganzen Tag und die ganze Nacht werden sie keinen Augenblick schweigen. Ihr, die ihr den Herrn erinnert, gönnt euch keine Ruhe und lasst ihm keine Ruhe, bis er Jerusalem befestigt und bis er es zum Ruhm macht auf der Erde!« Jesaja 62,6-7

Von der Prophetin Anna lesen wir, dass sie *»nicht vom Tempel wich, indem sie Nacht und Tag mit Fasten und Flehen diente«* (Lk 2,37).

Es ist erstaunlich, dass der Apostel Paulus berichtet, wie er *»Nacht und Tag«* für andere betet. Interessant, dass er – entgegen unserem Sprachgebrauch – die Nacht zuerst erwähnt und damit den Nachdruck darauf legt:

»… indem wir Nacht und Tag über die Maßen flehen, dass wir euer Angesicht sehen und vollenden mögen, was an eurem Glauben mangelt.« 1. Thessalonicher 3,10

»Ich danke Gott ... wie unablässig ich deiner gedenke in mei-
nen Gebeten Nacht und Tag ...«   2. Timotheus 1,3

Wenn wir uns dazu noch vergegenwärtigen, dass von Satan
geschrieben steht, dass er als *»Verkläger unserer Brüder«* sie *»Tag
und Nacht vor unserem Gott verklagt«* (Offb 12,10), sollte es uns
nicht schwerfallen, die Notwendigkeit anhaltender Fürbitte für
unsere Geschwister zu erkennen.

Es ist bewegend zu lesen, wie in den Anfangsjahren der Herrnhuter Brüdergemeine eine Nachtwache eingerichtet wurde, *»an
der sich alle Männer zwischen 16 und 60 Jahren beteiligen sollten«.*
Betend und singend wollte man die schlafende Gemeinde vor
dem Herrn vertreten, *»dass der böse Feind keine Macht an ihnen
fände«.*[26]

Im vergangenen Jahrhundert gebrauchte der Herr Bakht Singh
(1903 – 2000) besonders in Indien und Pakistan, um Hunderte
neue Gemeinden zu gründen. Dieser Mann war vor allem ein
Mann des Gebets und der Bibel.
    Seine Lebensgeschichte beschämt und ermutigt gleicher-
maßen: Ein gebildeter, aber dennoch schlichter, einfacher Christ,
der auf jeglichen Besitz verzichtete, obwohl er aus einem sehr
reichen Elternhaus kam. Dazu war er als Evangelist unterwegs,
obwohl er einen Sprachfehler hatte – aber dadurch lernte er in
jeder Beziehung auf Gott zu vertrauen.
    Als er 1938 als junger Evangelist nach Madras aufbrach, um
dort eine dreimonatige Evangelisation durchzuführen, legte
der Herr ihm aufs Herz, vor der Evangelisation mit seinen
Mitarbeitern und weiteren Geschwistern *»19 Nächte mit einer
Unterbrechung von zwei Tagen«* zu beten.

»Sie alle verharrten im Gebet und beteten um ein mächtiges Wirken Gottes. Als Ergebnis dieser Gebetsnächte wirkte der Herr in vielen Teilen Südindiens, besonders in Madras, wo die Gemeinde ›Jehova-Shammah‹ und weitere neutestamentliche Gemeinden entstanden.«[27]

Paul Marsh berichtet, wie er in den 1950er-Jahren den Auftrag bekam, Bakht Singh von der Stadt Lahore an die indische Grenze bei Wagha zu bringen. Er sollte ihn am Morgen um 7.30 Uhr abholen, fand aber zu diesem Zeitpunkt alle Brüder im Gebet vor. Weil er annahm, dass er sich vielleicht in der Zeit geirrt und sich daher verspätet hatte, entschuldigte er sich bei den Brüdern für die Verspätung. Die Antwort war:

»Mach dir keine Sorgen, du bist nicht zu spät gekommen. Wir haben gerade unsere Gebetsversammlung beendet, die gestern Abend nach der Versammlung begann.«

Der Kommentar dazu von Paul Marsh:

»Die Brüder hatten etwa 10 Stunden lang gebetet. Das war typisch für die Persönlichkeit und den Charakter von Bakht Singh.«[28]

3. Keine geistliche Kraft und keine Vollmacht zum Dienst ohne ernsthaftes Gebet!

Geistliche Kraft und Wirksamkeit hängt nicht von unserer Begabung ab, sondern vor allem von unserer Gemeinschaft mit dem Herrn und unserem Gebetsleben.

Ob wir eine »Dienst-Gabe« oder eine »Rede-Gabe« haben oder noch nicht genau herausgefunden haben, welche Gabe uns verliehen wurde – ohne anhaltendes Gebet werden wir weder geistliche Kraft bekommen noch Effektivität erleben.

Erfahrungen aus der Vergangenheit und Erfolgskonzepte der Gegenwart können geistliche Kraft und Vollmacht nicht ersetzen. Tägliches Auftanken durch Gebet und Bibellesen ist für alle Aufgaben in der Familie, in der Schule oder am Arbeitsplatz und in der Gemeinde unerlässlich. Regelmäßige, ausgedehnte Gebetszeiten sind durch nichts zu ersetzen.

Spurgeon schrieb:

> *»Es ist ein schlechter Trost, wenn wir uns sagen, wir seien nicht fauler als andere; die Fehler anderer sind keine Entschuldigung für uns. Wie wenige von uns können sich mit Joseph Alleine vergleichen. Solange er gesund war, stand er um 4 Uhr auf und es betrübte ihn, wenn er die Handwerker hämmern hörte, ehe er angefangen hatte zu beten. ›Wie beschämt mich das Geräusch. Verdient nicht mein Meister mehr Eifer als der ihre?‹ Die Zeit von vier bis acht Uhr verbrachte er mit Gebet, Betrachtung und Psalmensingen. Manchmal unterbrach er seine Gemeindearbeit und verbrachte ganze Tage in Gebet und Betrachtung.«*[29]

Damit keine Missverständnisse entstehen:

Es geht nicht darum, dass jemand – angeregt durch die Gebetsgewohnheiten bekannter Persönlichkeiten – seinen Wecker von nun an so stellt, dass dieser jeden Morgen eine Stunde eher klingelt und zum Gebet mahnt. Beten muss gelernt und geübt werden. Beten lernt man beim Beten!

Gefühlswallungen, Appelle und Gebetsaufrufe können bestenfalls kurzfristig zum Beten motivieren. Aber meist ist der Gebetseifer nach wenigen Tagen verschwunden. Es ist besser, mit kleinen Schritten zu beginnen, um die »Gebetsmuskeln« zu trainieren, als sich unter einen unrealistischen Leistungsdruck zu setzen, der anschließend in Frust und Resignation endet.

Keiner, der sich ernsthaft vornimmt, Langstreckenläufer zu werden, wird direkt mit einem Marathonlauf beginnen, sondern seine Muskeln und die Lunge zunächst auf kürzeren Strecken stählen und mit der Zeit die Intensität und die Kilometerzahl erhöhen.

Kein Hochspringer beginnt seine ersten Übungen mit dem Versuch, zwei Meter zu überspringen, sondern beginnt seinem Leistungsstand entsprechend tief, um dann mit der Zeit die Latte höher zu hängen.

So ist es auch vernünftiger, sich zunächst täglich etwa 10 Minuten für das Gebet zu reservieren und diese Zeit dann aber auch konzentriert zu nutzen. Wer das mit Gottes Hilfe über einen längeren Zeitraum treu praktiziert, wird bald nicht mehr mit 10 Minuten auskommen. Die vielen wachsenden Anliegen, Gott zu danken, ihn zu loben, zu bitten oder in der Fürbitte für andere einzustehen, werden dann mehr Zeit in Anspruch nehmen und die Gebetszeit wie von selbst verlängern.

4. So wie der Herr die Nacht im Gebet *verharrte*, sollten wir uns darin üben, ausdauernd und anhaltend zu beten.

»Diese alle verharrten einmütig im Gebet ...«
                                         Apostelgeschichte 1,14

»In Hoffnung freut euch; in Trübsal harrt aus; im Gebet haltet an.«   *Römer 12,12*

»... zu aller Zeit betend mit allem Gebet und Flehen in dem Geist, und hierzu wachend in allem Anhalten und Flehen für alle Heiligen ...«
                                              Epheser 6,18

»Verharrt im Gebet und wacht darin mit Danksagung.«
Kolosser 4,2

Als Petrus gefangen und gefesselt im Gefängnis lag, wurde in der Gemeinde in Jerusalem *»anhaltend für ihn zu Gott gebetet«* (Apg 12,5).

Diese Gebetszeit dauerte offensichtlich bis tief in die Nacht, denn als Petrus von einem Engel geweckt wurde, ging er zum Haus der Maria, der Mutter von Johannes Markus, *»wo viele versammelt waren und beteten«* (Apg 12,12).

Als eine junge Mutter von drei Kindern so lebensgefährlich an einer Sepsis erkrankt war, dass man mit ihrem Tod rechnen musste (siehe das Buch: Andreas Fett, *»Ja, Vater ...«*, CLV 2009), haben wir das als Gemeinde vor einigen Jahren sehr eindrücklich erlebt.

In dieser Zeit sind wir etwa drei Wochen lang jeden Abend zum Gebet zusammengekommen, um für das eine Anliegen gemeinsam zu beten: dass Gott dem Ehemann die Frau, den drei Kindern die Mutter und uns und dem Werk des Herrn eine wertvolle Schwester am Leben erhält.

Gott erhörte unsere Gebete und ich erinnere mich gut, dass wir nach diesen drei Wochen unsere abendlichen Gebetsversammlungen mit gemischten Gefühlen beendeten: Eigentlich gäbe es noch viele weitere Anliegen und Anlässe, um gemeinsam täglich anhaltend zu beten. Aber ...

Georg Müller (1805–1898) berichtete einmal am Ende seines Lebens über seine Erfahrungen mit anhaltendem Gebet:

»Der wichtige Punkt ist, niemals aufzugeben, bis die Antwort kommt. Ich habe 52 Jahre lang jeden Tag für zwei Männer gebetet, Söhne eines Jugendfreundes von mir. Sie sind bis jetzt noch nicht bekehrt, aber sie werden es! Wie könnte es anders

sein? Es gibt das unveränderliche Versprechen vom Herrn, und darauf vertraue ich. Der große Fehler der Kinder Gottes ist, dass sie nicht beständig weiterbeten ... Wenn sie irgendetwas wünschen zu Gottes Ehre, sollten sie beten, bis sie es bekommen!«[30]

5

Gebet – eine Voraussetzung
für geistliche Erkenntnis

»Und es geschah, als er für sich allein betete, dass die Jünger bei ihm waren; und er fragte sie und sprach: Wer sagen die Volksmengen, dass ich sei? Sie aber antworteten und sprachen: Johannes der Täufer; andere aber: Elia; andere aber, dass einer der alten Propheten auferstanden sei. Er sprach aber zu ihnen: Ihr aber, wer sagt ihr, dass ich sei? Petrus aber antwortete und sprach: Der Christus Gottes.« Lukas 9,18-20

Auch dieses Detail *»als er für sich allein betete«* berichtet nur Lukas, während Matthäus und Markus sich nur auf die Unterhaltung des Herrn mit seinen Jüngern konzentrieren und Johannes über diese Szene völlig schweigt.

Hier finden wir kein Gebet in der Einsamkeit, sondern Gebet im Beisein der Jünger. Offensichtlich auch nicht in der Nacht, sondern tagsüber. Der Herr predige nicht nur über das Gebet, sondern er lebte Gebet!

Wie bereits erwähnt sollen unsere Gebete keine Demonstrationen unserer Frömmigkeit sein. Aber wenn wir in der Familie, in der Gemeinde und auch im Dienst für unseren Herrn mit anderen Menschen zusammenleben, kann unser Gebetsleben nicht verborgen bleiben.

Was waren bei dieser Szene die Gebetsanliegen des Herrn?

Wir können es nicht mit Sicherheit sagen, aber die folgenden Verse könnten darauf hindeuten, dass er für die Jünger betete, weil es in dem anschließenden Gespräch um geistliche Erkenntnis und um die Konsequenzen der Nachfolge ging.

Hatte er vor der Wahl der Jünger eine Nacht im Gebet verbracht, so können wir uns gut vorstellen, dass der Herr bei dieser Gelegenheit auch für sie betete, weil er den Zwölfen etwas mitteilen musste, was sie nur sehr schwer verstehen und akzeptieren könnten. Ihre bisherigen Vorstellungen und Erwartungen von dem Reich Gottes und ihren Aufgaben darin würden wie eine schillernde Seifenblase platzen.

Drei Themen werden in den Versen 18-27 behandelt:

1. Wer ist der Herr? Wie denken die Menschen und wie die Jünger über ihn?
2. Was wird in den nächsten Monaten mit dem Herrn geschehen?
3. Mit welchen Konsequenzen müssen die Jünger rechnen, wenn sie ihrem Herrn nachfolgen?

Es ging also bei dieser Lektion um geistliche Einsicht oder Erkenntnis in Bezug auf das Wesen des Herrn und seine Zukunft, aber auch um die Position als Jünger Jesu in einer feindlichen Umgebung.

Geistliche Erkenntnis ist nicht eine Sache des Intellekts und auch nicht automatisch die Folge von Bildung und Schulung. Ohne die Erleuchtung durch den Heiligen Geist werden wir in geistlichen Dingen ohne Einsicht bleiben.

Besonders was die Person unseres Herrn betrifft, sind wir auf die »Offenbarung des Vaters« angewiesen, denn »*Fleisch und Blut*« (so in der Parallelstelle in Mt 16,17) sind unfähig, das Wesen, die Größe und die Herrlichkeit Gottes und des Sohnes Gottes zu erfassen. Die ernüchternde Geschichte der vergangenen 250 Jahre Universitäts-Theologie ist ein deutlicher Beweis dafür.

»Simon Petrus aber antwortete und sprach: Du bist der Christus, der Sohn des lebendigen Gottes. Jesus aber antwortete und sprach zu ihm: Glückselig bist du, Simon, Bar Jona; denn

Fleisch und Blut haben es dir nicht offenbart, sondern mein
Vater, der in den Himmeln ist.« *Matthäus 16,16-17*

Man kann – wie ich es selbst erlebt habe – in einem gläubigen
Elternhaus aufwachsen, täglich bei den Mahlzeiten eine Lesung
aus der Bibel hören, als Kind und Jugendlicher vier Mal pro
Woche jahraus, jahrein eine Gemeinde besuchen, die Geschich-
ten der Bibel im Kopf haben und für wahr halten und vor anderen verteidigen – und doch für geistliche Dinge blind wie ein
Maulwurf und kalt wie ein toter Fisch sein.

Wie Saulus, ein philosophisch und theologisch hochgebildeter,
intellektuell begabter Mann, müssen wir eine Erfahrung machen,
die bewirkt, dass uns die »Schuppen von den Augen fallen«
(vgl. Apg 9,18). Geistliche Wahrheiten, die wir bis dahin nur
theoretisch kannten und aufzählen konnten, werden dann zu
einer lebendigen Wirklichkeit, die unser bisheriges Leben völlig
verändern und unsere Herzen mit einer bis dahin nie gekannten
Freude erfüllen kann.

Geistliche Erkenntnis ist ein Werk Gottes, des Heiligen
Geistes an und in uns. Die *»Augen unseres Herzens«* müssen
»erleuchtet« werden, und dazu ist Gebet nötig.

Paulus betete für die Epheser:

»... damit der Gott unseres Herrn Jesus Christus, der Vater
der Herrlichkeit, euch gebe den Geist der Weisheit und Offen-
barung in der Erkenntnis seiner selbst, damit ihr, erleuchtet
an den Augen eures Herzens, wisst, welches die Hoffnung sei-
ner Berufung ist ...« *Epheser 1,17-18*

»Deshalb beuge ich meine Knie vor dem Vater unseres Herrn
Jesus Christus ... damit ihr völlig zu erfassen vermögt mit
allen Heiligen, welches die Breite und Länge und Höhe und
Tiefe sei, und zu erkennen die die Erkenntnis übersteigende

Liebe des Christus, damit ihr erfüllt sein mögt zu der ganzen Fülle Gottes.« Epheser 3,14-19

Die Jünger selbst sind ein Beispiel dafür, dass der beste Lehrer und die beste Lehre unser Leben nicht automatisch verändern. Petrus musste nach seinem großartigen Bekenntnis einsehen, dass er gar nichts begriffen hatte, und auch seine Mitjünger reagierten mit Unverständnis, wenn der Herr seine bevorstehende Verwerfung und Kreuzigung ankündigte und seinen Jüngern keine rosige Zukunft auf Erden prophezeite.

Die Notwendigkeit von ernsthaftem Gebet um geistliche Erkenntnis wird in einer alttestamentlichen Geschichte sehr anschaulich geschildert:

In 2. Könige 6,14-17 lesen wir, wie der feindliche Syrerkönig gegen Israel Krieg führt und des Nachts die Stadt Dothan in einer Blitzaktion mit einem großen Heer umzingelt und belagert. Als der Diener des Propheten Elisa am anderen Morgen früh aufsteht und in der Morgensonne die blitzenden Schwerter und Panzer des gewaltigen Heerlagers der Syrer erblickt, ruft er entsetzt dem Propheten zu: *»Ach, mein Herr! Was sollen wir tun?«*

Die Antwort und Reaktion des Elisa:

»Fürchte dich nicht! Denn mehr sind die, die bei uns, als die bei ihnen sind. Und Elisa betete und sprach: Herr, tu doch seine Augen auf, dass er sehe! Da tat der Herr die Augen des Knaben auf; und er sah: Und siehe, der Berg war voll feuriger Pferde und Wagen, rings um Elisa her.«

Um geistliche Wirklichkeiten erkennen zu können, benötigen wir also von Gott geöffnete Augen, die Fürbitte unseres Herrn und unserer Geschwister und auch Gebete in Bezug auf unsere eigene Blindheit.

Was können wir daraus lernen?

1. Wenn wir die gute Gewohnheit haben, regelmäßig und natürlich auch vor besonderen Ereignissen »für uns allein« zu beten, wird das unserer direkten Umgebung nicht verborgen bleiben.

In den vergangenen Jahren haben wir in vielen Gesprächen mit jungen Christen aus gläubigen Elternhäusern immer wieder hören müssen, dass sie ihren Vater oder auch ihre Mutter selten oder nie »für sich allein« beten sahen. Das kann natürlich auch daran liegen, dass junge Menschen in einem gewissen Alter kein Auge dafür haben. Aber es ist leider eine Tatsache, dass nicht wenige gläubige Eltern oder Elternteile kein persönliches Gebetsleben praktizieren und ihre Gebete mehr oder weniger auf formale Tischgebete beschränken.

Auch gibt es nicht wenige Ehefrauen, die geistlich aus »zweiter Hand« leben oder eine etwas verdrehte Vorstellung von »Arbeitsteilung« haben: Bibellesen, Bibelstudium und Gebet ist Aufgabe des Mannes, der dafür ja mehr Zeit und Begabung hat und dazu noch die Verantwortung für das geistliche Wohl der Familie trägt, während sie selbst als Ehefrau und Mutter für das irdische Wohlergehen der Familie sorgen muss.

Das andere Extrem erlebt man natürlich ebenso oft, vielleicht noch öfter: dass der Mann alle geistliche Verantwortung auf die Frau schiebt, die »eh nicht viel zu tun hat«, wobei er selbst vielleicht Überstunden machen muss, um für den Unterhalt und weitere Annehmlichkeiten das nötige Geld zu verdienen.

Welch ein Segen mit dem Vorbild einer Beterin oder eines Beters verbunden ist, zeigt die folgende bewegende Geschichte. Da erinnert sich der alte Pioniermissionar John Paton (1824–1907) in seiner Autobiografie an sein Elternhaus:

»Unser Haus hatte drei Räume. Der eine war das Territorium meiner Mutter und war Küche, Wohn- und Esszimmer zugleich; auch enthielt er zwei große, hohe, luftige Betten mit Umhängen. Das zweite Zimmer, am anderen Ende des Hauses, war die Werkstätte meines Vaters, in der fünf oder sechs Strumpfwirkstühle standen, die fleißig in Bewegung die Kaufleute von Dumfries mit echter, guter Ware versorgten.

Eine dritte Stube, zwischen den beiden gelegen, war klein. Sie hatte nur Platz für ein Bett, einen kleinen Tisch und einen Stuhl. Ein schmales Fensterchen brachte nur wenig Licht. Dies war das Heiligtum der Hütte. Hierher sahen wir unseren Vater sich mehrmals täglich – gewöhnlich nach jeder Mahlzeit – zurückziehen. Wir hörten ihn die Tür verriegeln und wir Kinder errieten durch eine Art geistigen Instinkt – denn die Sache war zu heilig, um sie zu besprechen – dass unser Vater dort für uns betete, wie der Hohepriester im Allerheiligsten. Mitunter hörten wir den ernsten Ton der bewegten Stimme, die bat, als ob es unser Leben gelte, und wir lernten es, nur auf den Zehen an dem Zimmerchen vorbeizuschleichen, um nicht zu stören.

Die übrigen Menschen wussten es wohl nicht, woher die Strahlen von Glück und Freundlichkeit, das liebevolle Lächeln in des Vaters Züge kamen. Wir aber wussten es: Es war der Widerschein der Nähe Gottes, in deren Bewusstsein er ständig lebte. Nirgends, weder in Tempeln noch in Domen, weder auf den Höhen der Berge noch in den Tälern, kann ich je die Nähe Gottes mehr empfinden, mehr sein direktes Wirken auf den Menschen fühlen, als es in unserer ärmlichen Hütte der Fall war.

Wenn durch irgendeine undenkbare Katastrophe alles aus meiner Seele und meinem Gedächtnis hinweggeschwemmt würde, was sich auf Religion bezieht, so würden die Gedanken doch zu diesen Szenen der frühen Kindheit heimkehrend

das Echo der Gebete und des Rufens hören und jeder Zwei-
fel würde schwinden mit den Worten: Er ging mit Gott um,
warum dürfte ich es nicht auch tun?«[31]

**2. Geistliche Erkenntnis kann man nicht rational vermit-
teln. Wir sind auf die Erleuchtung durch den Heiligen Geist
angewiesen und die Bitte um Erleuchtung sollte beständiger
Inhalt unserer Gebete sein.**

So wertvoll, wichtig und unerlässlich das Auswendiglernen
von Bibelversen oder Bibelteilen, von geistlichen Liedern und
Gedichten auch ist – wenn die guten Worte und Verse nur im
Kopf bleiben und durch den Heiligen Geist nicht unsere Herzen
und Leben erwärmen und verändern, ist es nur eine Mühe, die
den grauen Zellen nutzt.

Wir können mit aller Bibelkenntnis, Begabung, Didaktik
und Methodik wohl biblische Informationen aufnehmen und
vermitteln, aber wenn der Geist Gottes nicht die *»Augen der
Herzen«* dafür erleuchtet und öffnet, wird die Arbeit letzten
Endes fruchtleer bleiben.

Deshalb sollte jede Verkündigung und Vermittlung biblischer
Wahrheiten mit Gebet vorbereitet, durch Gebet begleitet und
unter Gebet vorgetragen werden.

6

Gebet verändert vor allem den Beter

»Es geschah aber etwa acht Tage nach diesen Worten, dass er Petrus und Johannes und Jakobus mitnahm und auf den Berg stieg, um zu beten. Und während er betete, wurde das Aussehen seines Angesichts anders und sein Gewand weiß, strahlend. ... Petrus aber und die, die bei ihm waren, waren vom Schlaf beschwert; als sie aber völlig aufgewacht waren, sahen sie seine Herrlichkeit und die zwei Männer, die bei ihm standen.«   *Lukas 9,28.29.32*

Matthäus, Markus und Lukas schildern das außerordentliche Ereignis der Verklärung Jesu. Alle drei Berichte folgen auf die erste Leidensankündigung Jesu und auf seine deutlichen Worte über die Konsequenzen der Nachfolge: Selbstverleugnung – Kreuz aufnehmen – Leben verlieren ...

Jeder der drei Berichte betont eine Besonderheit, welche von den anderen beiden Schreibern nicht erwähnt wird und die jeweils dem Charakter des Evangeliums entspricht.

So beschreibt Matthäus das Aussehen des Herrn: *»... sein Angesicht leuchtete wie die Sonne ...«* (Mt 17,2).

Markus dagegen erwähnt nicht das Gesicht des Herrn, sondern legt Nachdruck auf seine Kleider: *»... und seine Kleider wurden glänzend, sehr weiß, wie kein Walker auf der Erde weiß machen kann«* (Mk 9,3).

Lukas wiederum schildert Einzelheiten, die weder von Matthäus noch von Markus erwähnt werden:

1. Der Herr stieg auf den Berg, *»um zu beten«*.

2. Sein Angesicht wurde verändert, »*während er betete*«.
3. Die Jünger wurden während der Verklärung des Herrn
   »*vom Schlaf beschwert*«.

Nachdem der Herr den Jüngern die Konsequenzen der Nachfolge vorgestellt hat, die unter Umständen Hinrichtung und
Kreuzigung zur Folge haben konnten, nimmt er drei seiner ver-
trautesten Jünger beiseite und steigt mit ihnen auf einen hohen
Berg. Er nimmt sie mit, um mit ihnen zu beten. Aber dann sollen sie auch einen bleibenden Eindruck von der Herrlichkeit des
kommenden Reiches und vor allem von seiner eigenen Herrlichkeit durch die Verklärung bekommen.

Petrus sollte Jahre später in Rom gekreuzigt werden.

Johannes würde im hohen Alter in die Verbannung geschickt
werden.

Jakobus hatte nur noch wenige Monate, bis er durch das
Schwert des Herodes das Leben verlieren würde.

Das Vorbild ihres betenden Meisters und ein Blick auf die
zukünftige Herrlichkeit sollten sie ermutigen, die Leiden und
Schmerzen, die mit der Nachfolge Jesu verbunden sind, »*um der
vor ihnen liegenden Freude willen*« zu erdulden (vgl. Hebr 12,2).
Das Erlebnis war also eine geistliche »Prophylaxe«, um in
zukünftigen Nöten und Anfechtungen nicht »müde« oder »matt«
zu werden.

Nur Lukas berichtet, dass das Angesicht des Herrn und auch
seine Kleider verändert wurden, »*während er betete*«. Eine kaum
mit Worten zu beschreibende, strahlende Herrlichkeit offenbarte
sich während des Betens vor den Augen der Jünger, die – wie
Lukas es andeutet – mit dem Schlaf kämpften.

Petrus erinnert viele Jahre später an diese Verklärung und scheint
nach angemessenen Worten zu ringen, um seinen Lesern diesen
gewaltigen Eindruck vermitteln zu können:

»Denn er empfing von Gott, dem Vater, Ehre und Herrlich-
keit, als von der prachtvollen Herrlichkeit eine solche Stimme
an ihn erging: ›Dieser ist mein geliebter Sohn, an dem ich
Wohlgefallen gefunden habe.‹ Und diese Stimme hörten wir
vom Himmel her ergehen, als wir mit ihm auf dem heiligen
Berg waren.«   *2. Petrus 1,17-18*

Dass nun auch noch Mose und Elia *»in Herrlichkeit«* erschienen und mit dem Herrn ein Gespräch über *»seinen Ausgang, den er in Jerusalem erfüllen sollte«* führten, ist sicher von großer praktischer und typologischer Bedeutung.

Wir wollen uns jedoch darauf beschränken, diese wunderbare Szene in Verbindung mit dem Gebet des Herrn zu betrachten.

Was können wir daraus lernen?

1. Das Gebet verändert den Beter

So wie das Aussehen des Herrn während des Gebets in dieser ganz besonderen Situation verändert wurde, können auch wir – allerdings erst nach und nach – durch Gebet, Gemeinschaft und Gehorsam verändert werden. Natürlich hatte der Herr keine moralische Veränderung oder Umgestaltung nötig. Er war in jeder Weise und zu jedem Zeitpunkt vollkommen.

Doch wir als seine Jünger haben sehr wohl moralische und charakterliche Veränderung nötig und diese wird sich vollziehen, wenn wir ein beständiges Gebetsleben in der Gegenwart des Herrn pflegen, verbunden mit regelmäßigem Bibelstudium und Gehorsam.

Das Angesicht des Herrn *»leuchtete wie die Sonne«* – so berichtet Matthäus. Er ist das Licht der Welt. Unsere Gesichter werden nur etwas von der Herrlichkeit des Herrn reflektieren können, wenn wir uns oft in seiner Gegenwart aufhalten.

Das Beispiel des Mose

Als Mose nach 40 Tagen in der Gegenwart Gottes vom Berg Sinai herabstieg und unter das Volk trat, sahen die Israeliten Mose, *»und siehe, die Haut seines Angesichts strahlte«* (2Mo 34,30). Mose selbst hatte das gar nicht wahrgenommen. Er war so beeindruckt von der Heiligkeit und Herrlichkeit Gottes, dass er keinen Augenblick daran dachte und sicher auch kein Interesse daran hatte, sich selbst zu bespiegeln. Die Bibel berichtet: *»... da wusste Mose nicht, dass die Haut seines Angesichts strahlte, weil er mit ihm [Gott] geredet hatte«* (2Mo 34,29).

Zwei wichtige Aspekte werden hier deutlich:

1. Mit Gott reden (beten) verändert das Aussehen, die Ausstrahlung des Beters.
2. Diese Veränderung wird nicht von dem Beter selbst, sondern von seiner Umgebung wahrgenommen.

Man könnte noch hinzufügen: Diese Veränderung oder Ausstrahlung kann man nicht konservieren, denn sie ist abhängig von der praktischen Gemeinschaft mit Gott.

Ein eindrückliches Beispiel dafür ist Robert C. Chapman (1803–1902), einer der Väter der sogenannten »Brüderbewegung« in England. Er war über die Grenzen seines Landes hinaus als »Apostel der Liebe« bekannt. Obwohl er mit Aufgaben überhäuft war, hielt er sich einen Tag eisern frei – samstags war er normalerweise für niemanden zu sprechen. An jedem anderen Wochentag war er mit den Aufgaben und den Bedürfnissen der Gemeinde beschäftigt und so reservierte er diesen Tag zur Erholung und Entspannung nach Geist, Seele und Leib. Er zog sich dann in seine Werkstatt zurück, wo er an seiner Drehbank tischlerte und drechselte. Und so verbrachte er den Samstag mit Fasten, aber auch mit Holzarbeiten und hatte dabei genügend Zeit, sein Herz vor dem Herrn auszuschütten und über das Wort Gottes nachzudenken.

Einer, der ihn wegen eines Notfalls stören musste, erzählte, wie bei seinem Eintritt in die Werkstatt das Gesicht Chapmans *»wie das Gesicht eines Engels gestrahlt hätte«.*[32]

Das Beispiel der Hanna
Auch Hanna, die Mutter Samuels, erlebte eine gravierende Veränderung. Sie trat als eine verbitterte, frustrierte, tieftraurige Frau in die Gegenwart Gottes, *»betete lange vor dem Herrn«* und *»schüttete ihre Seele vor dem Herrn aus«.* Als sie anschließend erleichtert nach Hause aufbrach, *»war ihr Angesicht nicht mehr dasselbe«* (1Sam 1,10.12.15.18).

Das Beispiel des Stephanus
Erinnern wir uns auch an Stephanus, den ersten Märtyrer der jungen Gemeinde in Jerusalem. Er war nach einer vollmächtigen Freiluft-Evangelisation mit anschließender heftiger Diskussion von wutschnaubenden, zähneknirschenden Juden umzingelt. Nur wenige Stunden später waren sie entschlossen, ihn aus der Stadt hinauszustoßen und zu steinigen.

Doch vorher lesen wir von dem Eindruck, den er bei der aufgebrachten Menge hinterließ:

> *»Und alle, die in dem Synedrium saßen, schauten unverwandt auf ihn und sahen sein Angesicht wie das Angesicht eines Engels.«* Apostelgeschichte 6,15

Am Ende dieser Geschichte finden wir die Erklärung für seine Ausstrahlung:

»Als er aber, voll Heiligen Geistes, unverwandt zum Himmel schaute, sah er die Herrlichkeit Gottes, und Jesus zur Rechten Gottes stehen.«   *Apostelgeschichte 7,55*

Vielleicht hatte sich der Apostel Paulus, der damals noch als »Drohung und Mord schnaubender« Saulus (vgl. Apg 9,1) »grünes Licht« zur Steinigung des Stephanus gegeben hatte, auch an diese Szene erinnert, als er später den Korinthern schrieb:

»Wir alle aber, mit aufgedecktem Angesicht die Herrlichkeit des Herrn anschauend, werden verwandelt nach demselben Bild von Herrlichkeit zu Herrlichkeit, als durch den Herrn, den Geist.«   *2. Korinther 3,18*

2. Müdigkeit zum Gebet und Müdigkeit beim Gebet – gibt es einen Ausweg aus diesem Dilemma?

»Und während er betete, wurde das Aussehen seines Angesichts anders und sein Gewand weiß, strahlend.«   *Lukas 9,29*

Doch trotz dieser erstaunlichen Verwandlung befanden sich die Jünger in einem Schlaf, aus dem sie nur langsam erwachten. Auch hier fällt auf, dass nur Lukas diese menschliche Schwäche der Jünger schildert, während Matthäus und Markus die Müdigkeit der Jünger mit keinem Wort erwähnen.

Es scheint die Absicht des Heiligen Geistes zu sein, auf ein Problem hinzuweisen, mit dem jeder Jünger Jesu zu kämpfen hat: Müdigkeit zum und beim Gebet!

Auf den ersten Blick scheint es unbegreiflich zu sein, dass die Jünger ausgerechnet während eines so dramatischen, übernatürlichen Ereignisses schlafen. Sie sollten einen bleibenden, ermutigenden Eindruck von der überwältigenden, zukünftigen Herrlichkeit des Herrn und seines Reiches bekommen – stattdessen werden sie von Müdigkeit überfallen. Sie verschlafen buchstäblich einen Höhepunkt ihres Lebens.

Lukas beschreibt diese Szene recht deutlich:

»Petrus aber und die, die bei ihm waren, waren vom Schlaf beschwert; als sie aber völlig aufgewacht waren, sahen sie seine Herrlichkeit und die zwei Männer, die bei ihm standen.«

Lukas 9,32

Wenn man sich diese Begebenheit vorstellt, sieht man förmlich, wie Petrus und die beiden anderen Jünger gegen diesen Schlaf ankämpfen, sich die Augen reiben, den Kopf schütteln und immer noch nicht recht wissen, ob sie träumen oder die Wirklichkeit vor Augen haben.

Markus betont, dass *»sie voll Furcht waren«* (Mk 9,6) und dass Petrus in seiner Verlegenheit vorlaut und unbedacht den Vorschlag machte, aktiv zu werden und drei Hütten zu bauen. *»Er wusste nicht, was er sagte …«*, kommentiert Lukas (9,33) das Verhalten von Petrus, der in seiner Verlegenheit besser geschwiegen hätte. Denn nach Lukas' Worten kam plötzlich *»eine Wolke und überschattete sie«* (V. 34) – und anschließend hatten sie nicht mehr den verherrlichten, sondern den erniedrigten Jesus von Nazareth vor Augen.

»Hütten bauen« – aktiv werden für den Herrn, das fiel Petrus und den anderen Jüngern offensichtlich nicht schwer. Beten dagegen war ihnen eine schwere, ermüdende Angelegenheit.

Interessant, dass sich kurze Zeit später eine ähnliche Geschichte ereignete, die ebenso die Schwäche der Jünger offenbarte. Auch hier waren diese drei Jünger bei unserem Herrn, als er sie mit in den Garten Gethsemane nahm, um mit ihm zu wachen und zu beten. Hier waren die äußeren Umstände bedrückend. Nicht ein verklärter, mit Herrlichkeit umgebener Jesus stand ihnen vor Augen, sondern der Sohn des Menschen, voller Angst und *»sehr betrübt bis zum Tod«* (Mt 26,38). Auch hier schlafen die Jünger ein – dieses Mal *»vor Traurigkeit«*, wie Lukas berichtet (Lk 22,45).

Hier muss sich Petrus als Wortführer die peinliche Frage des Herrn gefallen lassen:

> *»Simon, schläfst du? Vermochtest du nicht eine Stunde zu wachen? Wacht und betet, damit ihr nicht in Versuchung kommt ...«*   Markus 14,37.38

Auch ein zweimaliges Wecken und Ermahnen des Herrn änderte nichts an ihrer Gebetsmüdigkeit.

Doch etwa eine Stunde später waren die Jünger – und allen voran Petrus – hellwach, als die Soldaten und Diener der Hohenpriester mit klirrenden Waffen in den Garten einmarschierten, um den Herrn gefangen zu nehmen.

Wieder war es der Wortführer Petrus, der spontan zu seinem versteckten Kurzschwert griff, die rhetorische Frage stellte: *»Herr, sollen wir mit dem Schwert dreinschlagen?«* (Lk 22,49), und im nächsten Augenblick auf den Kopf eines der bewaffneten Männer zielte – allerdings nur das Ohr des Malchus traf (Joh 18,10).

Wenn es um anhaltendes Gebet geht – Müdigkeit!

Wenn es darum geht, Aktivität und Muskeln zu demonstrieren: Hellwach!

Auch das kennen wir zur Genüge aus unserem Leben!

3. Beter stehen unter besonderer Beobachtung des Teufels!

Der Feind Gottes scheint alle Hebel in Bewegung zu setzen, um uns vom Beten abzuhalten oder uns beim Gebet zu stören. Wenn wir die Macht von Gebet unterschätzen – der Teufel weiß sehr wohl um die Wirksamkeit von Gebet!

Ein betender Christ ist Satan ein »Dorn im Auge«. Er hasst die im Gebet ausgedrückte Demut und Abhängigkeit von Gott.

Der Widersacher Gottes hat nicht vergessen, welcher Einfluss von Betern der Bibel wie Abraham, Samuel, Elia, Elisa und Daniel ausgegangen ist und seine mörderischen Absichten verhindert hat. Daher wird er alle verfügbaren *»feurigen Pfeile«* (Eph 6,16) abschießen, um auch uns beim Beten abzulenken oder unsere Gedanken mit Fantasien zu füttern, deren wir uns manchmal schämen müssen.

Viele von uns werden bekennen, dass sie besonders während des Gebets angefochten werden oder ihre Gedanken zu alltäglichen Problemen auf die Reise gehen.

Wenn es dem Teufel schon nicht gelingt, uns vom Beten abzuhalten, wird er ganz sicher alles daransetzen, uns beim Beten zu stören, uns mit plötzlicher Müdigkeit zu beschweren oder uns die Dringlichkeit unerledigter Aufgaben vor Augen zu halten.

Ole Hallesby hat in seinem Buch »*Vom Beten*« diese Anfechtungen sehr treffend beschrieben:

>*»Die alte, gottfeindliche Natur in uns verneint ja nicht direkt das Beten. Dann wäre unser Kampf gegen das Fleisch gar nicht so schlimm. Das Fleisch führt den Kampf gegen das Beten indirekt, gewandt und geschickt. Instinktiv und automatisch mobilisiert es alle erdenklichen Gründe, um nicht zu beten. Man hat es zu eilig, der Geist ist zu zerstreut, das Herz ist so wenig zum Beten aufgelegt, nachher passt es besser, ist mehr Andacht und innere Sammlung möglich.*
>*Endlich ist es so weit, dass man beten möchte, da kommt plötzlich ein Gedanke: Dies oder jenes musst du erst tun! Wenn du*

das erledigt hast, ist alles bereit für eine ruhige Gebetsstunde. Also erledigt man das zuerst. Wenn es aber erledigt ist, ist der Sinn zerstreut, und die Sammlung ist dahin. Und ehe man sich versieht, ist der ganze Tag hingegangen ohne eine stille Stunde mit Gott.«[33]

Luther schrieb in einem Brief an Georg Spalatin am 9. September 1521:

»Es ist Zeit, gegen den Teufel mit aller Kraft zu beten; ein so unheilvolles Trauerspiel führt er über Deutschland herauf. Und ich, der ich fürchte, der Herr möge es ihm zulassen, schnarche immer noch und bin faul zum Gebet und zum Widerstand, sodass ich mir selbst über die Maßen missfalle und zur Last bin, vielleicht, weil ich allein bin und Ihr mir nicht helft. Ach, lass uns doch wachen und beten, dass wir nicht in Anfechtung fallen (Mt 26,41).«[34]

Gebet erfordert Konzentration und ist Schwerstarbeit. Um Unkonzentriertheit und Abschweifen zu vermeiden, halten es viele Beter für hilfreich, die Gebete halblaut oder auch laut zu sprechen.

Der Kampf gegen Amalek

Eine Geschichte aus dem Alten Testament illustriert sehr eindrücklich, wie ermüdend und kräfteraubend Gebet sein kann:

Der erste Kampf des Volkes Gottes nach dem Auszug aus Ägypten war ein Kampf gegen die Amalekiter. Sie hatten die schwächste Stelle Israels ausfindig gemacht und griffen genau dort an. Mose befahl darauf Josua, sich Männer zu erwählen und gegen Amalek das Schwert zu ziehen, während er mit Aaron und Hur auf den Gipfel des Berges stieg – *»mit dem Stab Gottes«* in seiner Hand (2Mo 17,9).

Im Tal kämpfte Josua mit seinen Soldaten gegen Amalek, während Mose auf dem Hügel seine Hände mit dem Stab Gottes zum Gebet erhob. Jedes Mal, wenn Mose die Hände sinken ließ, hatte Amalek die Oberhand, erhob Mose jedoch die Hände, dann war Israel siegreich.

Von Josua und seinen Kämpfern lesen wir nicht, dass sie im Kampf müde wurden – wohl aber von Mose: »*Und die Hände Moses wurden schwer*« (2Mo 17,12).

Um den Sieg zu sichern, der von den erhobenen Händen Moses abhing, stützten Aaron und Hur die Arme des Beters: »*... und so waren seine Hände fest, bis die Sonne unterging. Und Josua streckte Amalek und sein Volk nieder mit der Schärfe des Schwertes*« (2Mo 17,12.13).

Diese Begebenheit zeigt sehr deutlich, wie anstrengend anhaltende Fürbitte sein kann. Auch wir sind darauf angewiesen, dass wir von unserem »Hohenpriester« Jesus und auch von unseren Geschwistern Ermutigung und Unterstützung beim Gebet bekommen.

Der Reformator Martin Luther kannte diese satanischen Anfechtungen zur Genüge und er war ehrlich und aufrichtig genug, diese Zeiten der Schwäche und der Niederlagen nicht zu vertuschen, sondern seine Freunde um Fürbitte anzuflehen:

»Ich sitze hier bequem, verhärtet und gefühllos – ach! Wenig betend, wenig um die Gemeinde Gottes bekümmert, aber umso mehr in den wilden Feuern meines ungezähmten Fleisches brennend ... Ich sollte in den Flammen des Geistes stehen; in Wirklichkeit stehe ich in den Flammen des Fleisches, mit Begierde, Trägheit, Untätigkeit, Schläfrigkeit. Vielleicht liegt es daran, dass ihr alle aufgehört habt, für mich zu beten, dass Gott sich von mir abgewandt hat ... In den letzten acht Tagen habe ich nichts geschrieben und weder gebetet

noch studiert, teilweise aus Maßlosigkeit, teilweise aufgrund
einer anderen ärgerlichen Behinderung (Verstopfung und
Hämorrhoiden) ... ich kann es wirklich nicht länger aus-
halten; ... bete für mich, ich bitte dich, denn in meiner Ab-
geschiedenheit bin ich von Sünden überhäuft.«
(Aus einem Brief an Melanchthon am 13. Juli 1521 von der
Wartburg aus)[35]

Siege und Niederlagen in unserem persönlichen Leben wie auch
im Volk Gottes hängen vom Gebet ab. Das wissen wir aus der
Bibel, aus der Kirchengeschichte und aus eigener Erfahrung.
Trotzdem beten wir so wenig.

Wie kann das anders werden?

7

Die verändernde Macht des Vorbilds

»Und es geschah, als er an einem gewissen Ort war und betete, da sprach, als er aufhörte, einer seiner Jünger zu ihm: Herr, lehre uns beten, wie auch Johannes seine Jünger lehrte.«

Lukas 11,1

Lukas erwähnt bei dieser Schilderung einen *»gewissen Ort«*. Das ist ein interessantes Detail und deutet darauf hin, dass es im Leben unseres Herrn besondere, den Jüngern bekannte Orte gab, wo der Herr zu beten pflegte. Das erinnert uns an einige Überlegungen, die uns schon in Kapitel 3 beschäftigt haben. Manchmal kann es hilfreich sein, einen vertrauten Ort oder Raum zu haben, wohin man sich zum Gebet zurückziehen kann.

In der Biografie über James Fraser, *»Der Bergsteiger Gottes«*, die seine Tochter geschrieben hat, kann man eine Menge über Gebet lernen. Fraser hat in seinen Tagebuch-Aufzeichnungen und in seinen zahlreichen und ausführlichen Briefen an seine Gebetspartner in England immer wieder über seine Erfahrungen mit Gebet berichtet und auch darüber, was ihm beim Studium der biblischen Aussagen über Gebet deutlich wurde. Egal, in welcher Gegend er lebte und in welch einer primitiven Hütte er wohnte – er hatte in seiner näheren Umgebung immer einen Ort, an dem er ungestört beten und sein Herz vor Gott ausschütten konnte.

In Tengyueh zum Beispiel war ein verlassener Tempel sein »Lieblings-Gebetswinkel«.

Selbst als er mit 42 Jahren heiratete und bald darauf mit seiner kleinen Familie in ein Missionshaus in Paoshan zog, suchte und fand er außerhalb seiner eigenen Wohnung einen Platz, wo er einigermaßen vor Störungen sicher war:

»Der einzige Weg, wie James dem geschäftigen Treiben entkommen konnte, war, woanders einen Raum der Stille zu finden. Er fand und mietete ein kleines Dachzimmer direkt gegenüber dem Missionshaus. Es waren einige dunkle Stufen hinauf in dem Haus eines islamischen Freundes ... Früh am Morgen ging er oft hierhin, ließ das Frühstück ausfallen, um Stunden im Gebet zu verbringen. Hier fühlte er sich frei, auf und ab zu gehen und laut zu beten.«[36]

Auch im Leben unseres Herrn spielen *»gewisse«* Orte, Gegenden und auch Häuser eine auffallende Rolle, die sicher nicht ohne wichtige Bedeutung für uns sind.

Natürlich hatte der Herr als Sohn Gottes solche menschlichen »Krücken« nicht nötig. Aber die Tatsache, dass sie recht oft erwähnt werden, beinhaltet sicher auch eine praktische Lektion für uns, die wir als Jünger Jesu mit vielen menschlichen Schwächen meist viel mehr von Umständen und Gewohnheiten geprägt werden, als uns bewusst ist.

Über den Segen guter Gewohnheiten werden wir in den nächsten Kapiteln nachdenken – an dieser Stelle soll es uns um den Segen und die Folgen eines guten Vorbilds gehen.

Dass ein Vorbild größere Wirkung hat als viele Worte, ist uns aus eigener Erfahrung bewusst. Der Herr hat in seinen Unterhaltungen mit den Jüngern und auch in seinen öffentlichen Predigten immer wieder über Gebet gesprochen und zum Gebet ermutigt. Aber offensichtlich hat sein Vorbild als Beter seine Jünger mehr herausgefordert als seine Worte. Die Tatsache, dass er das lebte, was er predigte, weckte offensichtlich in den Jüngern den Wunsch, auch Beter zu werden.

Ein Mensch, der noch kein neues Leben aus Gott bekommen hat, wird kaum den Wunsch äußern, beten zu lernen. Beten ist für viele Menschen Zeitverschwendung und bestenfalls eine Art Selbsthypnose oder Autosuggestion in Stress-Situationen.

Leider zeigt aber die Erfahrung, dass auch ein Jünger Jesu nicht automatisch von dem sehnsüchtigen Wunsch erfüllt ist, ein Beter zu werden. Viele von uns werden J. Oswald Sanders zustimmen, wenn er äußert, dass *»die meisten von uns von einem heimtückischen Widerwillen gegen das Gebet geplagt werden. Wir finden nicht natürlicherweise unsere Freude daran, uns Gott zu nähern.«*[37]

Meistens sind es innere oder äußere Nöte, die Gott in unserem Leben mit dem Ziel zulässt, uns beten zu lehren. Erst wenn wir nicht nur theoretisch, sondern auch praktisch an unsere Grenzen stoßen und erkennen, dass auch unsere besten Wünsche und frommen Vorsätze kraftlos sind, werden wir schrittweise unsere völlige Abhängigkeit von Gott akzeptieren. Dann – leider oft erst dann, wenn wir unsere Füße auf eigenen Wegen wund gelaufen haben – wird in uns der Wunsch an Intensität zunehmen: *»Herr, lehre uns beten!«*

Sicher ist es kein Zufall, dass in den Versen vorher nicht von einem *»gewissen Ort«*, sondern von einer *»gewissen Frau«* (Lk 10,38) die Rede ist, die den Herrn Jesus und seine Jünger in ihr Haus aufnahm. Es war die uns allen gut bekannte Martha, welche die schmerzliche Lektion lernen musste, die keinem extrovertierten Energiebündel erspart bleibt: *»Du bist besorgt und beunruhigt um viele Dinge; eins aber ist nötig ...«* (Lk 10,41).

Tatenlos zu den Füßen Jesu zu sitzen und ihm zuzuhören, von ihm zu lernen, um sein Vorbild nachahmen zu können, das war die geistliche Übung, die sie dringend zu buchstabieren hatte – und jeder von uns ebenso.

Das einzigartige Vorbild des Meisters weckte in dem namentlich nicht genannten Jünger den aufrichtigen und sehnsüchtigen Wunsch, selbst ein Beter zu werden. Und auch für uns gibt es keine stärkere Motivation – wenn wir Ihn lieben!

8

Der Segen guter Gewohnheiten

»Und er ging hinaus und begab sich der Gewohnheit nach an den Ölberg; es folgten ihm aber auch die Jünger. Als er aber an den Ort gekommen war, sprach er zu ihnen: Betet, dass ihr nicht in Versuchung kommt. Und er zog sich ungefähr einen Steinwurf weit von ihnen zurück und kniete nieder, betete und sprach: Vater, wenn du willst, so nimm diesen Kelch von mir weg – doch nicht mein Wille, sondern der deine geschehe!«

Lukas 22,39-42

In einer Zeit, in welcher der Wert geistlicher Disziplin unter Christen nicht hoch im Kurs steht, kann es hilfreich und ermutigend sein, darüber nachzudenken, was die Bibel und auch das Vorbild Jesu uns darüber zu sagen haben.

Interessant ist, dass gegenwärtig vor allem in der Pädagogik ein Umdenken zu erkennen ist. Nicht wenige Erzieher und Lehrer stellen sich notgedrungen die Frage, ob sich die Methoden der letzten Jahrzehnte wirklich bewährt haben, mit so wenig Druck und Forderungen wie möglich erfolgreich unterrichten und erziehen zu können.

Tatsache ist, dass Kinder und Jugendliche vergangener Generationen nicht nur in kürzerer Zeit viel mehr gelernt haben, sondern im Allgemeinen auch lebenstüchtiger und lebensfroher waren als viele unserer heutigen »Null-Bock«-Jugendlichen.

2006 erschien das Buch *»Lob der Disziplin – Eine Streitschrift«* des bekannten Pädagogen und Theologen Bernhard Bueb. Es ist auf ziemlich große Beachtung, Zustimmung und Akzeptanz gestoßen, aber auch auf Ablehnung. Das ist ein Indiz dafür, dass ein Umdenken im Gange ist. Auch in der Politik wird in letzter Zeit vermehrt die Wichtigkeit von Moral, Werten und christlichen Tugenden betont.

Umso erstaunlicher ist, dass in evangelikalen Kreisen eine umgekehrte Tendenz zu erkennen ist. Bekannte und einflussreiche Verkündiger und Autoren werden nicht müde zu betonen, dass es nutzlos oder sogar schädlich ist, die Bibel zu lesen oder zu beten, wenn man dazu keine Lust hat.

Manche Zeugnisse in bestimmten evangelikalen Zeitschriften und Büchern scheinen den Eindruck zu erwecken, dass fast alle geistlichen und seelischen Krankheiten und Verirrungen auf die Tatsache zurückzuführen sind, dass die Autoren als Kinder dem angeblich schädlichen Druck einer konsequent christlichen Erziehung oder Umgebung ausgesetzt waren.

Nun ist es unbestritten, dass eine lieblos-strenge, von Gesetzlichkeit geprägte Erziehung durch Eltern, die selbst nicht das leben, was sie von ihren Kindern verlangen, verheerenden Schaden anrichten kann. Auch dafür gibt es leider viele Beweise.

Einige der bekannten Atheisten, Nihilisten und Gotteshasser kommen aus frommen Elternhäusern. Was sie dort sahen und hörten, war derart abstoßend und heuchlerisch, dass sie sich – davon angewidert – geschworen haben, nichts mehr mit der Bibel und dem Christentum zu tun haben zu wollen.

Lenin war z. B. fünfzehn Jahre alt, als sein Vater – frommes Mitglied der russisch-orthodoxen Kirche – Besuch von einem Popen bekam. Als treuer Besucher der Gottesdienste bedrückte ihn die Einstellung seines Sohnes, der nicht mehr wie bisher regelmäßig am Gottesdienst teilnehmen wollte. Als er den Popen um Rat fragte, antwortete dieser ihm: »*Prügeln, prügeln sollte man ihn!*«

Beide ahnten nicht, dass sich der Sohn im Nebenzimmer aufhielt, an der Tür lauschte und diese »Ratschläge« hörte. Voller Empörung riss sich der junge Wladimir Iljitsch das Kreuz, das er bisher an einem Kettchen um seinen Hals getragen hatte, herunter. Mit dieser Religion war er fertig. Nie wieder wollte er etwas von ihr hören. Von da an war für ihn Kirche und Religion nur ein »*Mittel der Herrschenden, die unteren Klassen zu unterdrücken*«.[38]

Auf der anderen Seite erwartet man in vielen Bereichen sehr selbstverständlich, dass z. B. Sportler und Künstler sehr diszipliniert leben, um Höchstleistungen bringen zu können.

Jeder hat Verständnis dafür, wenn der für Disziplin bekannte Fußball-Trainer »Quälix« seinen Bundesliga-Profis eine saftige Geldstrafe oder zusätzliche Straf-Einheiten Training aufbrummt, wenn sie nicht pünktlich zum Training erscheinen oder ihrem Trainer den Respekt verweigern.

Fanatische – selbst oft übergewichtige – Fans fordern lautstark, dass sich ihre Stars zerreißen, um wenigstens einen Arbeitssieg für ihre Mannschaft einzufahren: »*Wir wollen euch schwitzen sehen!*«

Und wenn einer der Profis aus irgendeinem Grund zu sehr an Gewicht zunimmt, muss er lernen, mit dem Spottnamen »Kugelblitz« zu leben.

Disziplin, immer wieder den »inneren Schweinehund besiegen«, gehört wie selbstverständlich zur Tugend eines jeden Sportlers.

Wenn begabte junge Menschen täglich einige Stunden Klavier üben oder sich an einem Saiten-Instrument die Finger wund reiben, bewundern wir ihre Energie und machen ihnen Mut, hart gegen sich selbst zu sein.

Kaum einer regt sich darüber auf, wenn gesundheitsbewusste Leute wöchentlich ein Fitness-Studio aufsuchen, um dort im Schweiß ihres Angesichts überflüssige Pfunde abzustrampeln und Geld sowie Zeit zu opfern, um zumindest vor dem Spiegel eine gute Figur zu machen.

Wenn aber jemand wagt, leidenschaftlich für geistliche

Disziplin unter bekennenden Christen einzutreten und dazu ermutigt, als »Messlatte« für die Nachfolge Jesu neutestamentliche Normen zu akzeptieren, muss er mit den heftigen Vorwürfen rechnen, schädlichen Druck auszuüben und religiöse oder »ekklesiogene Neurosen« zu begünstigen.

Was können wir aus der Bibel und von dem Vorbild unseres Herrn in dieser umstrittenen, aber wichtigen Frage lernen?

1. Unser Herr hatte feste Gewohnheiten!

Es war für mich eine interessante Entdeckung, dass ausgerechnet der Evangelist Lukas bestimmte Gewohnheiten im Leben Jesu aufzeigt:

Zuerst lesen wir in Lukas 2,42, dass die Eltern Jesu »*nach der Gewohnheit des Festes*« alljährlich nach Jerusalem reisten, um das Passah zu feiern. Der zwölfjährige Jesus war ganz selbstverständlich dabei. Er wuchs also in einer Familie auf, in der biblische Anordnungen zu guten Gewohnheiten führten und schließlich zu einer guten Familien-Tradition wurden.

Zwei Kapitel weiter lesen wir, dass er als Dreißigjähriger in seine Heimatstadt Nazareth kam und »*nach seiner Gewohnheit am Tag des Sabbats in die Synagoge*« ging (Lk 4,16).

Als erwachsener Mann war es für ihn eine Selbstverständlichkeit, am Sabbat in die Synagoge unter Gottes Wort zu gehen. Seine Eltern hatten ihm das vorgelebt und er hatte es in jungen Jahren als eine gute Gewohnheit ebenso praktiziert.

Weiter wird in Lukas 22,39 berichtet, dass er sich »*der Gewohnheit nach an den Ölberg*« begab. Diesen vertrauten Ort suchte er oft auf, um dort zu übernachten (vgl. Lk 21,37; Joh 8,1), um sich mit seinen Jüngern zu versammeln und um dort zu beten (Lk 22,41).

Zusammenfassend stellen wir fest:
- Teilnahme an der regelmäßigen Passah-Feier
- wöchentlicher Besuch der Synagoge
- regelmäßiger Besuch des Ölbergs, um dort zu beten,

waren selbstverständliche Gewohnheiten im Leben unseres Herrn, die er wie jeder gottesfürchtige Israelit praktizierte.

Jesus wusste, dass der Verräter Judas und die Soldaten mit den Dienern der Hohenpriester schon unterwegs waren, um ihn im Garten Gethsemane gefangen zu nehmen. Judas war mit diesem Ort bestens vertraut (Joh 18,2)! Aber das hielt unseren Herrn Jesus nicht davon ab, wie gewohnt diesen Ort aufzusuchen.

2. Jüngerschaft ist ohne Disziplin undenkbar.

Unser Herr hatte als vollkommener, sündloser Mensch keine Disziplin oder Reglementierungen nötig. Dennoch ist er uns in seinem Verhalten ein Vorbild und Ansporn, lebenswichtige geistliche Übungen zu trainieren, damit sie in unserem Leben zu selbstverständlichen Eckpunkten gelebter Jüngerschaft werden.

Wenn wir nun im nächsten Kapitel einige ermutigende Beispiele von Betern aus der Bibel und aus der Kirchengeschichte schildern, wollen wir die Worte von Jonathan Edwards im Bewusstsein behalten, die er in der Einleitung zu den Tagebüchern des Indianer-Missionars David Brainerd schrieb, dessen Gebetsleben wirklich außergewöhnlich intensiv war:

»Das Vorbild von Jesus Christus ist das einzige Vorbild, welches es je unter den Menschen gab, das absolut vollkommen war. Deshalb ist es eine Richtschnur, an der man alle anderen Vorbilder überprüfen muss. Und man darf den Neigungen, Stimmungen und Handlungen anderer nur so weit folgen und sie empfehlen, wie sie Nachfolger Christi sind.«[39]

9

Beter der Bibel und der Kirchengeschichte – ein Plädoyer für Disziplin

Das Leben des Propheten **Samuel** war von Gebet eingerahmt. Er wurde von einer verzweifelten Mutter von Gott erbeten, die ihm den bezeichnenden Namen Samuel gab: »von Gott erbeten« oder »von Gott erhört«. Bereits als Kind »*betete er den Herrn an*« (1Sam 1,28), und im hohen Alter, als das Volk Israel ihn als Richter ablehnte und einen König forderte, »*betete er zu dem Herrn*« (1Sam 8,6).

Nachdem er Saul zum König gesalbt hatte und seine Abschiedsrede an das Volk richtete, dachte er nicht daran, sich in den wohlverdienten Ruhestand zu begeben, sondern versprach dem versammelten Volk, das inzwischen den Verlust des großen Beters erahnte:

> »*Auch ich – fern sei es von mir, gegen den Herrn zu sündigen und aufzuhören, für euch zu bitten ...*«   1. Samuel 12,23

Samuels nachahmenswerte Gewohnheit, für das Volk Gottes zu beten, war so tief verwurzelt, dass er es für Sünde hielt, wenn er mit der Fürbitte aufgehört hätte. Er machte seine Fürbitte nicht vom Stimmungsbarometer des Volkes abhängig.

In Psalm 99,6 wird an seine Bedeutung als Beter erinnert:

> »*Mose und Aaron unter seinen Priestern, und Samuel unter denen, die seinen Namen anrufen, sie riefen zu dem Herrn, und er antwortete ihnen.*«

Daniel

Eine interessante Parallele zu den Gewohnheiten im Leben Jesu finden wir bei einer der beeindruckendsten Personen des Alten Testaments: Daniel. Er ist einer der großen Beter in der Bibel. Dreimal hat Gott ihm das einzigartige Prädikat ausgestellt: *»Du bist ein Vielgeliebter!«* (Dan 9,23; 10,11.19).

Auch Daniel stand – wie unser Herr Jesus – unter ständiger Beobachtung seiner Feinde und Neider. Trotz intensiver Aufmerksamkeit konnten sie in seinem Alltagsleben kein Fehlverhalten entdecken, *»weil er treu war«* (Dan 6,5).

Schließlich wird er – ähnlich wie später Jesus – von seinen Mitarbeitern in eine Falle gelockt. Sie hatten Daniels Gebetsgewohnheiten aufmerksam beobachtet und fanden darin die Stelle, wo sie ihren Hebel ansetzen konnten:

Sie kitzelten heuchlerisch die Eitelkeit ihres Königs Darius und legten ihm ein Gesetz zur Unterschrift vor, welches forderte, dass kein Mensch im Weltreich der Meder und Perser innerhalb von dreißig Tagen etwas erbitten durfte als nur von dem hochwohlgeborenen König Darius.

Der König – im Rausch des Größenwahns und wie benebelt von der großartigen Vorstellung, für einen Monat wie ein Gott angebetet und verehrt zu werden – tappte in diese Falle und unterschrieb das Gesetz.

Die Feinde Daniels konnten sich zufrieden die Hände reiben: Auf Gebet stand nun die Todesstrafe und ein Beter wie Daniel würde – falls er an seinen Gebetsgewohnheiten festhielt – als Gesetzesbrecher den Löwen zum Fraß vorgeworfen werden!

Die Frage war nun: Was wird Daniel tun?

Sie wussten nur zu gut, dass Daniel dreimal des Tages in seinem Obergemach zu beten pflegte. Und zwar so laut, dass man es draußen hören konnte. Dazu noch aus dem offenem Fenster in Richtung Jerusalem, wo die traurigen Überreste des einst so herrlichen Tempels standen.

Die Reaktion des inzwischen ca. 80-jährigen Daniel ist beeindruckend:

»Und als Daniel erfuhr, dass die Schrift aufgezeichnet war, ging er in sein Haus. Und er hatte in seinem Obergemach offene Fenster nach Jerusalem hin; und dreimal am Tag kniete er auf seine Knie und betete und lobpries vor seinem Gott, wie er vorher getan hatte.«   *Daniel 6,11*

Natürlich lagen seine Feinde auf der Lauer und triumphierten voller Schadenfreude über die Dummheit ihres verhassten Kollegen, der es ihnen so leicht machte, ihn auf Majestäts-Beleidigung und Gesetzesbruch zu verklagen.

Die Falle schnappte zum zweiten Mal zu …

War es klug, dass Daniel unter diesen Umständen dreimal täglich betete?

- Hätte nicht *ein* Gebet vor Tagesanbruch gereicht, wenn alle anderen schliefen?
- Kann man nicht *leise* zu Gott beten, ohne von anderen gehört zu werden?
- Musste er unbedingt an dem gewohnten Ort, in seinem Obergemach, beten?
- Hätte er nicht wenigstens seine Fenster schließen oder zuhängen können?

Warum tappte Daniel sehenden Auges in diese Falle?

Doch Loyalität Gott gegenüber stand für Daniel über Königstreue und war stärker als sein Selbsterhaltungstrieb. Er wusste, dass jedes Abweichen von seinen Gebets-Gewohnheiten Verrat Gott gegenüber bedeutet hätte.

Und so »*betete und lobpries er vor seinem Gott, wie er vorher getan hatte*«.

Daniels Gebetsleben basierte nicht auf dem Prinzip von Lust und Laune, sondern auf langjährig und diszipliniert praktizierter, treu eingehaltener Gewohnheit.
Oder wie Spurgeon es treffend ausdrückte:

> »*Daniels Glaube war nicht das Ergebnis einer Leidenschaft, sondern Frucht tief gewurzelter Grundsätze.*«[40]

David

Dieser Mann nach dem Herzen Gottes konnte von sich sagen:

> »*Siebenmal am Tag lobe ich dich um der Rechte deiner Gerechtigkeit willen.*«   Psalm 119,164

> »*Um Mitternacht stehe ich auf, um dich zu preisen wegen der Rechte deiner Gerechtigkeit.*«   Psalm 119,62

> »*Der Morgendämmerung bin ich zuvorgekommen und habe geschrien; auf dein Wort habe ich geharrt.*«   Psalm 119,147

Leider muss auch erwähnt werden, dass David mindestens einmal in seinem Leben von seiner guten Gewohnheit abgewichen ist, Gott in aller Frühe zu suchen. Stattdessen ruhte er auf seinem Lager bis zur Abendzeit. Der Rest der traurigen Geschichte ist uns ja gut bekannt: David wurde als Folge davon zum Ehebrecher und wenige Wochen später zum Mörder (vgl. 2Sam 11).

Petrus

Auch Petrus scheint nach Pfingsten ein diszipliniertes Gebetsleben praktiziert zu haben, obwohl ihm das von seinem Tempe-
rament her möglicherweise nicht so leicht gefallen ist.

In Apostelgeschichte 3,1 lesen wir, dass er mit Johannes »*um
die Stunde des Gebets, die neunte*« in den Tempel ging.

Einige Kapitel später finden wir ihn zu Besuch in Joppe.
Untergebracht bei dem Gerber Simon, »*stieg Petrus um die sechste
Stunde auf das Dach, um zu beten*« (Apg 10,9).

Es scheint so, dass auch Petrus feste Gebetszeiten hatte, in
denen er sich an einen Ort begab, wo er möglichst ungestört
beten konnte.

Beispiele aus der Kirchengeschichte

Die Kirchengeschichte ist voll von Beispielen solcher Männer
und Frauen, die trotz aller menschlicher Schwächen und Fehler
disziplinierte Beter waren. Daher ist das Studium der Kirchengeschichte und das Lesen guter Biografien nächst dem Studium
der Bibel überaus lehrreich und ermutigend.

Den Wert und Nutzen guter Biografien haben einige Autoren
treffend beschrieben:

John Piper:

> »*Lesen Sie christliche Biografien! Es wird Sie aus sich selbst
> herausnehmen und Sie in eine andere Zeit und in eine
> andere Haut versetzen, damit Sie Jesus mit Augen sehen kön-
> nen, die mehr staunen als Ihre eigenen. Finden Sie einige
> Heilige aus vergangenen Jahrhunderten, die von der Bibel
> erfüllt waren, Christus verherrlicht haben und auf Gott aus-
> gerichtet waren, und Sie lernen von Ihnen, wie man um
> Freude kämpft.*«[41]

*»Biografien sind ein gutes Mittel gegen kulturelle Kurzsichtig-
keit und zeitlichen Snobismus.«*[42]

D. Martyn Lloyd-Jones:

*»Der beste Weg, wie Sie jede Neigung zum Hochmut im
Zaum halten können – den Hochmut in Ihrer Verkündigung
oder in etwas anderem, was Sie tun oder sein mögen – ist, an
Sonntagabenden die Biografie irgendeines großen Heiligen zu
lesen.«*[43]

Es ist sicher nicht übertrieben zu sagen, dass Menschen, die Gott
zu seiner Ehre und zum Segen vieler gebrauchen konnte, Beter
waren. Sie lernten in der Schule Gottes, vor allen anderen Aktivi-
täten intensive Zeit mit Gott im Gebet zu verbringen.

Hier nur eine kleine Auswahl aus der großen Zahl diszipli-
nierter Beter:

John Welch (1570–1622)

Von diesem bekannten schottischen Prediger wird berichtet, dass
sein segensreicher Dienst als Verkündiger und Seelsorger auf sein
intensives Gebetsleben zurückzuführen sei. Er soll einmal gesagt
haben: *»Ich begreife nicht, wie ein Christ die ganze Nacht im Bett
zubringen kann, ohne zu beten.«*

Wenn er des Nachts aufstand, um zu beten, hatte er eine
Decke griffbereit, in die er sich einhüllen konnte. Als seine Frau
sich beklagte, als sie ihn weinend auf dem Fußboden knien sah,
antwortete er: *»Oh Frau, ich habe die Verantwortung für dreitausend
Seelen, und ich weiß nicht, wie es um viele von ihnen steht!«*

Um die Nachtruhe seiner Mitbewohner nicht zu stören,
brachte er manche Nacht betend in seiner Kirche zu, die
außerhalb der Stadt lag, weil er hier ungestört laut beten konnte.

Aus seinem Leben wird auch folgende Anekdote berichtet:

Eines Abends bat ihn ein reisender Mönch um ein Nachtlager, was Welch ihm gerne gewährte. Doch in der Nacht fand er kaum Schlaf, weil ein andauerndes Geflüster ihn weckte und erschreckte. Als der Mönch am nächsten Morgen weiterzog, begegnete ihm ein Bauer, der ihn fragte, wo er die Nacht zugebracht habe. Der Mönch antwortete: »*Bei dem Pastor der Hugenotten. Aber es ist mir schlecht bekommen, denn der Teufel wohnt in seinem Hause; ich hörte die ganze Nacht ein beständiges Flüstern, und ich bin fest überzeugt, dass der Hugenotte und der Teufel miteinander gesprochen haben!*«

Als der Bauer ihm erklärte, dass der Mönch das übliche Nachtgebet des Pfarrers gehört habe, staunte dieser nicht schlecht, denn er war bisher der Meinung, dass Protestanten nicht beten könnten. So ging er zu John Welch zurück und bat um weitere Tage Unterkunft.

In der folgenden Nacht vernahm er wieder das Flüstern, schlich leise bis zur Tür und wurde Zeuge, wie der Beter inbrünstig mit seinem Gott sprach.

Diese Erfahrung war für ihn derart überzeugend, dass er am nächsten Morgen John Welch erklärte, er wolle nun Protestant werden.[44]

John Wesley (1703–1791)

Dieser bekannte Erweckungsprediger wurde schon als Kind von seiner vorbildlichen Mutter Susannah zu einem disziplinierten Leben erzogen.

Als er 85 Jahre alt wurde, überdachte er sein vergangenes Leben und fragte sich, woran es gelegen habe, dass es ihm – trotz einiger gesundheitlicher Einschränkungen – recht gut gehe und er keinerlei Erschöpfung weder beim Reisen noch beim Predigen spüre.

Er schrieb damals am 28. Juni 1788 in sein Tagebuch:

»Welcher Ursache kann ich es zuschreiben, dass ich so bin, wie ich bin? Zweifellos zuallererst der Kraft Gottes, der mich für das Werk ausrüstete, zu dem ich berufen bin, und zwar so lange, wie es ihm gefällt, dass ich darin fortfahre; zweitens den Gebeten Seiner Kinder …«

Dann überlegte er, ob nicht auch zweitrangige Mittel mit dazu beigetragen hatten, und fragte, ob es nicht auch daran liegen könne, *»… dass ich seit über sechzig Jahren immer um vier Uhr morgens früh aufstehe?«*[45]

George Whitefield (1714–1770)

Dieser überaus begabte Freund und Mitstreiter Wesleys kam nicht aus einem gläubigen Elternhaus. Er äußerte einmal über seine Herkunft:

»Gott gebe, dass ich nicht vergesse, dass ich erst vor kurzer Zeit ein gemeiner Zapfgeselle war in einem Wirtshaus und dass ich, wäre ich nicht durch Gottes Gnade mit unwiderstehlicher Gewalt von da herausgezogen worden, jetzt unter allen Lebenden der haltloseste Schuft wäre.«[46]

Als junger, mittelloser Student lernte er in Oxford die Brüder John und Charles Wesley und den »Heiligen Club« kennen – die ersten »Methodisten«. Damals schrieb er in sein Tagebuch, dass er von ihnen lernte, *»nach Regeln zu leben und jeden Augenblick auszukaufen, um keine Zeit zu verschwenden. Ob ich aß oder trank, ich versuchte alles zur Ehre Gottes zu tun.«*[47]

Zu diesem Zeitpunkt waren weder die Brüder Wesley noch Whitefield wiedergeboren. Sie waren wohl erweckt und führten ein Leben rigoroser Disziplin. Jeden Morgen standen sie um vier Uhr auf zu persönlicher Andacht, fasteten an zwei Wochentagen und führten ein Tagebuch zu beständiger Selbstprüfung.

Als George Whitefield einige Monate später nach langen, schweren geistlichen Kämpfen zum Glauben kam, begann er mit Heißhunger regelmäßig, ausgiebig und systematisch die Bibel zu lesen:

>*Ich legte alle anderen Bücher beiseite und fing an, auf den Knien die Heiligen Schriften zu lesen, und betete über jeder Zeile, jedem Wort.*«[48]

Hier bekam er das Fundament für seinen späteren Dienst als Evangelist, der unermüdlich Zigtausenden in England und Amerika das Evangelium predigte – oft etwa 40 Stunden pro Woche!

In seinen beiden letzten Lebensjahren lebte ein junger Mann, Kornelius Winter, als Gehilfe mit auf seinem Zimmer. Whitefield hatte ihn vor Jahren als ein verstoßenes Niemandskind »aus der Gosse« gezogen und zu Christus geführt.

Nach dem frühen Tod Whitefields im Alter von 55 Jahren schrieb dieser junge Mann in seinen Erinnerungen an seinen geistlichen Vater, den er aus nächster Nähe kannte:

>*Er war sehr ordentlich ... Er meinte, nicht ruhig sterben zu können, wenn er wüsste, seine Handschuhe seien nicht ordentlich weggeräumt. Nach vier Uhr morgens gab es kein Schlafen mehr, noch ein Aufbleiben nach zehn Uhr abends.*«[49]

Bis an sein Lebensende hielt Whitefield an seiner Gewohnheit fest, seine Bibel kniend zu lesen und darüber zu beten.

Georg Müller (1805–1898)

Der »Waisenvater von Bristol« war als junger Mann ein »preußischer Playboy«, ein haltloser Dieb und Betrüger. Nach seiner Bekehrung wurde er zunächst Missionar unter Juden in London und später Prediger einer Baptistengemeinde, die sich unter seinem Einfluss zu einer »Brüderversammlung« wandelte. Schließlich gründete er in Bristol seine weltbekannten Waisenhäuser und weitere Glaubenswerke.

Sein erstes Waisenhaus stand schon, als er im Jahr 1838 ernstlich krank wurde und dringend eine Luftveränderung brauchte.

Während dieser Zeit las er »*Das Leben George Whitefields*« – eine der zahlreichen Biografien über diesen Erweckungsprediger. Er war erstaunt über das disziplinierte Gebetsleben dieses Mannes und über die Tatsache, dass er die Gewohnheit hatte, die Bibel kniend zu lesen.

Damals schrieb er in sein Tagebuch:

»13. Januar – Viel Segen durch Whitefields Leben. Sein großer Erfolg in der Evangelisation ist offensichtlich eine Folge seines reichen Gebetslebens und davon, dass er die Bibel auf den Knien las.«

»14. Januar – Tag des Herrn. Ich habe Whitefields Biografie weitergelesen. Gott hat meine Seele dadurch erneut gesegnet. Ich verbrachte heute mehrere Stunden im Gebet und las und betete auf meinen Knien über dem 63. Psalm ... Ich möchte, wenn Gott mich noch einmal für den Dienst am Wort wiederherstellt, dass mein Predigen mehr denn je das Ergebnis ernsten Gebetes und vielen Nachsinnens ist und dass ich so mit Gott wandle, dass aus meinem Leibe ›Ströme lebendigen Wassers fließen‹.«

»15. Januar – … Wenn Gott den Geist des Gebets schenkt, ist das Beten so mühelos! Drei Stunden betete ich heute über dem 64. und 65. Psalm. ›Du erhörst Gebet!‹«[50]

So gebrauchte Gott die Lebensgeschichte Whitefields, um Georg Müllers Glaubensüberzeugungen zu festigen und ihn den Segen eines intensiven Gebetslebens zu lehren. Nun begann auch er das Wort Gottes kniend zu lesen und früh am Morgen Stunden im Gebet und im Nachdenken über einen Abschnitt aus der Bibel zu verbringen.

Ein Jahr später schrieb er:

»Warum das frühe Aufstehen? Weil es einem Heiligen nicht gut ansteht, dass er seine Zeit vertrödelt, da er ja mit dem kostbaren Blut Jesu erkauft ist, um sich selbst samt seiner Zeit und allem, was er hat, Gott zur Verfügung zu stellen. Mit diesem uns geliehenen Pfund sollen wir wuchern – zu Gottes Ehre. Zu unserem Nutzen und zum Segen anderer. Lange im Bett liegen schwächt außerdem den Körper, wie wir ihm auch schaden, wenn wir zu viel essen. Es schwächt auch die Seele, weil wir von Gebet und geistlicher Stille abgehalten werden. Wer dagegen eine, zwei oder drei Stunden vor dem Frühstück mit der Bibel und im Gebet verbringt, entweder im Haus oder draußen in der Natur, der wird bald den Segen des frühen Aufstehens für den äußeren und inneren Menschen erleben.«[51]

A. T. Pierson, einer seiner Biografen, schrieb über ihn:

»Seit den Tagen John Wesleys hat vielleicht kein Mann auch in einer langen Lebenszeit so viel geleistet wie Georg Müller, und doch haben sich wenige so oft und für so lange in das Zelt des Gebets zurückgezogen wie er.«[52]

Robert C. Chapman (1803–1902)

war ein guter Freund Georg Müllers. Er wurde auch über die britischen Landesgrenzen hinaus durch seine Christusähnlichkeit und als »Apostel der Liebe« bekannt.

Pünktlich abends um neun Uhr pflegte er »gute Nacht« zu sagen, um dann morgens um halb vier Uhr aufzustehen. Neben seinem Bett stand eine Badewanne, in der er dann ein kaltes Bad nahm, um dann etwa sieben Stunden mit Gebet und Bibelstudium zu verbringen. Ein Biograf schreibt über ihn:

> *»Robert Chapman erledigte Berge von Arbeit, aber ohne Hektik. Sein Leben war wie der ständige Fluss eines gewaltigen Stromes, der sehr viel effektiver als ein laut dahinrauschendes Bächlein ist.«*[53]

Diese wenigen Beispiele aus der großen Zahl von Betern und Beterinnen der Kirchengeschichte sollen uns den Wert eines disziplinierten Gebetslebens vor Augen halten. Und sie sollen uns ermutigen, dem Gebet den gebührenden Platz auf unserer Prioritäten-Liste und mehr Raum in unserer Tagesplanung zu geben.

10

Der Gebetskampf Jesu in Gethsemane

Der Garten Gethsemane, jener vertraute Ort, wohin der Herr sich oft mit seinen Jüngern zurückgezogen hatte (vgl. Joh 18,2), ist ein letztes Mal Schauplatz einer dramatischen Szene.

Sowohl der Ölberg als auch Gethsemane (»Ölpresse«) deuten schon durch ihre Namen an, dass dem Herrn Jesus in den kommenden Stunden Druck und seelische Not begegnen würde.

Mit den Worten *»Setzt euch hier, bis ich gebetet habe«* (Mk 14,32) ließ der Herr acht seiner Jünger am Eingang des Gartens zurück, um sich mit Petrus, Johannes und Jakobus tiefer in den Garten zurückzuziehen.

Diese drei Jünger, die vor Kurzem Zeugen seiner Herrlichkeit auf dem Berg der Verklärung waren, sahen nun ihren Herrn in großer Bedrängnis, als er *»betrübt und beängstigt«* (Mt 26,37) wurde. Sie hörten seine bewegenden Worte:

»Meine Seele ist sehr betrübt bis zum Tod; bleibt hier und wacht mit mir.« Matthäus 26,38

Nur Lukas berichtet, dass der Herr sich *»ungefähr einen Steinwurf weit«* von den dreien entfernte, um dann auf die Knie zu sinken und zu beten (Lk 22,41). Matthäus und Markus schildern, dass er beim Gebet *»auf sein Angesicht«* (Mt 26,39) und *»auf die Erde fiel«* (Mk 14,35). Offensichtlich nur so weit von den drei Jüngern entfernt, dass sie ihn sehen und hören konnten. Allein mit dem Vater und doch in Reichweite der Jünger …

Es gibt Ausleger, die hier an den Vorhof, an das Heiligtum und das Allerheiligste im Tempel erinnern. Doch naheliegender scheint die Szene in 1. Mose zu sein, wo Abraham auf dem Weg nach Morija seine Knechte mit dem Esel zurücklässt mit den Worten: *»Bleibt ihr hier mit dem Esel; ich aber und der Knabe wollen bis dorthin gehen und anbeten und dann zu euch zurückkehren«* (1Mo 22,5).

Das folgende ergreifende Gespräch zwischen Vater und Sohn auf dem Weg zur Opferstätte und die Frage Isaaks nach dem *»Schaf zum Brandopfer«* (V. 7) zeigen deutliche Parallelen zu dem, was Jahrtausende später im Garten Gethsemane zwischen dem Sohn Gottes und dem Vater vorgegangen sein mag.

Die Tatsache, dass der Herr *»einen Steinwurf«* von den drei Jüngern entfernt zum Vater betete, mahnt auch uns, die erschütternde Szene mit »Abstand« und Ehrfurcht zu betrachten. Was unser Herr dort an Todesangst und Seelenqual litt, als er drei Mal flehte: *»Mein Vater, wenn es möglich ist, so gehe dieser Kelch an mir vorüber; doch nicht wie ich will, sondern wie du willst«* (Mt 26,39), können wir nicht ermessen – vielleicht ein klein wenig erahnen.

Nur Lukas berichtet, dass ein *»Engel vom Himmel erschien, der ihn stärkte«* (Lk 22,43). Nur er schreibt von dem *»ringenden Kampf«* und der zunehmenden Dramatik, in welcher sein Gebet heftiger wurde und schließlich *»sein Schweiß wie große Blutstropfen wurde, die auf die Erde herabfielen«* (V. 44).

Das Entsetzen vor dem Gericht Gottes über die Sünde und die Tatsache, dass Er, der Reine und Sündlose, der Erschaffer und Erhalter des Lebens, zur Sünde gemacht werden und deshalb sterben musste, stand vor seiner Seele. Das war der bittere *»Kelch«*, den der Herr in den Stunden der Finsternis am Kreuz trinken musste.

Ebenfalls nur im Evangelium des Lukas, der unseren Herrn als vollkommenen Menschen beschreibt, wird uns ein kleiner Einblick in die Angst und Not gegeben, die den Herrn in Gethsemane überfiel.

In Lukas 4,13 wird berichtet, dass der Teufel, nachdem er »*jede Versuchung vollendet hatte*«, »*für eine Zeit von ihm wich*«. Das war in der Wüste, nachdem der Herr Jesus getauft worden war, zu Beginn seines Dienstes. Jetzt, in der Nacht vor seinem Tod, bot der Versucher noch einmal jede Raffinesse seiner Verführungskunst auf, um den Herrn zum Ungehorsam dem Willen Gottes gegenüber zu bewegen.

Der »*ringende Kampf*«, den Lukas beschreibt (Lk 22,44), deutet an, mit welch geballter Macht Satan, »*der die Macht des Todes hat*« (Hebr 2,14), dem »*Fürsten des Lebens*« (Apg 3,15, Fußnote) gegenübertrat. In diesem »*ringenden Kampf betete er heftiger*«!

In Hebräer 5,7 finden wir weitere Einzelheiten dieses ringenden Flehens:

»*Der in den Tagen seines Fleisches, da er sowohl Bitten als Flehen dem, der ihn aus dem Tod zu erretten vermochte, mit starkem Schreien und Tränen dargebracht hat ...*«

Aber dann kam der große Moment, als der Kampf entschieden war und Satan geschlagen den Kampfplatz räumen musste:

»*Und er stand auf vom Gebet, kam zu den Jüngern und fand sie eingeschlafen vor Traurigkeit.*«　　　　*Lukas 22,45*

Welch ein Gegensatz! Der Herr – nach diesen entsetzlichen Versuchungen entschlossen, den Willen des Vaters zu erfüllen und nach Golgatha zu gehen. Die Jünger unfähig, auch nur eine Stunde mit dem Herrn zu wachen (Mt 26,40) – eingeschlafen vor Traurigkeit!

Als die grauenvollen Schatten des bevorstehenden Todes in Gethsemane auf ihn fielen und seine gequälte Seele »*bis zum Tod betrübt*« war (Mt 26,38), sehnte er sich als Mensch nach der

Nähe, dem Mitgefühl und dem Beistand seiner vertrauten Jünger.

»... ich habe auf Mitleid gewartet, und da war keins, und auf Tröster, und ich habe keine gefunden.«   Psalm 69,21

Aber jetzt, nachdem der Versucher abgeschlagen und der Herr entschlossen war, den Kelch der Leiden aus der Hand des Vaters anzunehmen und zu trinken (Joh 18,11), konnte er den eingeschlafenen Jüngern voller Milde entgegentreten.

»So schlaft denn weiter und ruht euch aus ... Steht auf, lasst uns gehen; siehe, der mich überliefert, ist nahe gekommen.«
Markus 14,41-42

Keine Zurechtweisung, kein Vorwurf, kein weiterer Hinweis auf ihr völliges Versagen. Mit barmherzigen und doch inhaltsschweren Worten werden sie geweckt und auf die Begegnung mit Judas und seiner Schar vorbereitet.

Lukas, der in seinem Bericht weniger das Verhalten der Jünger im Fokus hat, sondern den Gebetskampf am ausführlichsten schildert, erwähnt in den wenigen Versen fünf Mal Worte wie *»betete«*, *»betet«*, *»Gebet«* (Lk 22,40.41.44.45.46) und schließt seine Schilderung mit der Aufforderung Jesu: *»Steht auf und betet, damit ihr nicht in Versuchung kommt«* (V. 46).

Hier wird wiederum deutlich, wie der Heilige Geist durch Lukas auf unseren Herrn als Beter aufmerksam macht, Ihn als Vorbild vorstellt und uns auf diese Weise auffordern und ermutigen möchte, auch sein Gebetsleben nachzuahmen.

An dieser Stelle finden wir übrigens auch die letzten Worte, die der Herr vor seinem Tod an die Schar seiner Jünger richtete. Kurze Zeit später, während der Gefangennahme, sprach er nur noch einige warnende Worte zu Petrus und Stunden später vertraute er als der Gekreuzigte seine Mutter dem Jünger Johannes an.

»Letzte Worte« haben besonderes Gewicht und waren häufig Anlass genug, reflektiert und zitiert zu werden. In diesem Sinne sollte auch die Aufforderung Jesu an uns als seine Jünger von besonderer Wichtigkeit sein.

> »Wenn ich mein Herz auf jede Silbe prägen und jedes Wort mit meinen Tränen taufen könnte, so könnte ich euch nicht zu dringend bitten, vor allem im Gebet eifrig zu sein!«[54]
>
> C. H. Spurgeon

Was können wir daraus lernen?

1. Gottes Souveränität anerkennen

Als der Herr von einem der Jünger gebeten wurde, sie anzuleiten, gab er ihnen das bekannte »Mustergebet«, in welchem Gott selbst Prioritäten setzte: »Vater, geheiligt werde dein Name ...« (Lk 11,2).

In der Bergpredigt empfahl er den Jüngern zu beten:

> »Unser Vater, der du bist in den Himmeln, geheiligt werde dein Name; dein Reich komme; dein Wille geschehe, wie im Himmel, so auch auf der Erde ...«   Matthäus 6,9-10

Auch in unseren Gebeten sollten die Ehre Gottes, seine Anliegen und sein Wille allen persönlichen Bedürfnissen und Wünschen vorangehen.

Genau das lebt der Herr den Jüngern im Garten Gethsemane vor. Er verschweigt in seinem ergreifenden Gebet nicht seine unsagbare Not, die er im Blick auf das vor ihm stehende Kreuz und den nahen Tod empfindet. Aber er beugt sich unter Gottes Plan und Willen und stellt auch in seinem Gebet Gottes Ehre an die erste Stelle.

Wie leicht erliegen wir der Gefahr, Gott vorschreiben zu wollen, was Er zu tun hat! Wir dürfen Gott vertrauensvoll unsere Wünsche sagen und ihn an seine Verheißungen erinnern, uns aber nicht anmaßen, ihn zum »Erfüllungs-Gehilfen« unserer eigenen, egoistischen Wünsche machen zu können.

Paulus wurde *»ein Dorn für das Fleisch«* gegeben – ein nicht genau definierter Umstand oder eine schmerzliche Krankheit, die ihn vor Überheblichkeit bewahren sollte (2Kor 12,7-10). Wir können gut nachempfinden, dass er deswegen dreimal zum Herrn flehte, um davon befreit zu werden. Aber der Herr gab ihm die bekannte inhaltsschwere, aber tröstliche Antwort: *»Meine Gnade genügt dir ...«*

Nach diesen Worten beugte sich Paulus unter den Willen Gottes und betete in dieser Sache nicht mehr um Erhörung, sondern konnte sich von nun an der *»Schwachheiten, Schmähungen, Nöte, Verfolgungen rühmen«* und sogar *»Wohlgefallen«* daran finden.

2. Zum ringenden Kampf bereit sein!

Wenn wir über den Herrn und seinen ringenden Kampf in Gethsemane nachdenken, eröffnen sich Dimensionen, die wir nicht ausloten können.

Aber aus Gottes Wort, aus der Kirchengeschichte und vielleicht auch aus eigenem Erleben können wir sagen, worin für *uns* dieser Gebetskampf bestehen kann.

Damit keine Missverständnisse entstehen: Es geht dabei nicht um das anmaßende »Kampfgebet« gewisser schwärmerischer Kreise, in dem man sich für fähig hält, dämonische Mächte binden oder »territoriale Dämonenfürsten« zertreten zu können.

Paulus schreibt den Kolossern, dass sein Mitarbeiter Epaphras *»ein Knecht Christi Jesu«* ist, der allezeit für sie *»ringt in den Gebeten«* (Kol 4,12).

In Römer 15,30-31 bittet Paulus die Christen in Rom darum, *»mit mir zu kämpfen in den Gebeten für mich zu Gott, damit ich vor den Ungläubigen in Judäa gerettet werde und mein Dienst für Jerusalem den Heiligen wohlangenehm sei«.*

Der Indianer-Missionar David Brainerd schrieb am 25. April 1742 in sein Tagebuch:

>*»Heute Morgen verbrachte ich etwa zwei Stunden im Gebet und erhielt Kraft, für unsterbliche Seelen im Gebetskampf auf Tod und Leben einzustehen. Obwohl es noch ganz früh und die Sonne kaum aufgegangen war, drang mir in dieser Anspannung der Schweiß aus allen Poren.«*[55]

Am 29. Juli 1746 notierte er:

>*»Am Abend hatte ich eine gute Zeit ganz allein im Gebet. Ich flehte zu Gott für meine lieben Indianer, dass Er sein gesegnetes Werk unter ihnen fortsetzen möge. Dabei empfand ich seine göttliche Hilfe für diesen Gebetskampf.*
>*Ich wusste kaum, wie ich mich vom Thron der Gnade losreißen sollte, und es bekümmerte mich, dass ich zu Bett gehen musste.«*[56]

Worin besteht nun ein Gebetskampf?

Es liegt nahe, dass manche Ausleger bei diesem Thema an Jakob denken, von dem wir in 1. Mose 32,29 lesen, dass er *»mit Gott und mit Menschen gerungen und gesiegt«* hat.

Aber Gebetskampf ist nicht nur ein Ringen mit Gott, sondern oftmals ein Kampf gegen unsere alte Natur und *»gegen die*

Gewalten, gegen die Weltbeherrscher dieser Finsternis, gegen die geistlichen Mächte der Bosheit« (Eph 6,12).

Es ist ein Kampf gegen die lähmende Unlust zum Beten, die uns oft überfällt. Gegen Müdigkeit, gegen den scheinbaren Zeitdruck unerledigter Arbeiten, gegen plötzliche Fantasien und Traumreisen, die der Teufel wie feurige Pfeile in allen möglichen Variationen in unsere Gedankenwelt schießt, um uns zu stören oder vom Beten abzuhalten.

Hallesby schreibt von einem *»sonst unverständlichen Unwillen gegen das Beten, den wir zu verschiedenen Zeiten mehr oder weniger empfinden«.*[57]

Jim Elliot schrieb am 15. Januar 1950 in sein Tagebuch:

> *»Den ganzen Vormittag leer und ohne Verbindung. Lange auf den Knien gelegen, aber keine Inbrunst und keinerlei Lust zum Gebet ...«*[58]

Wahrscheinlich werden die meisten Leser diese und ähnliche Kämpfe aus eigener Erfahrung kennen und bestätigen, dass man sich zu einem disziplinierten Gebetsleben täglich neu überwinden muss.

Laut Umfrage »leiden« etwa ein Drittel aller Befragten unter »Lust- oder Kraftlosigkeit zum Gebet«, womit bestätigt wird, welche Waffe Satan mit großer Effektivität einsetzt. Spurgeon hat recht, wenn er sagt, dass unsere alte Natur *»mehr von dem Sinken eines Mühlsteins in sich hat als von dem Aufschwingen eines Adlers«.*[59]

Gebet ist Kampf gegen den alten Adam in uns und eine Kriegserklärung an die *»geistlichen Mächte der Bosheit«* um uns. Wir können diese Feinde nur überwinden, wenn wir in der Kraft Gottes *»wachen und beten«* (vgl. Mt 26,41; Mk 14,38).

Der Gebetskampf in Gethsemane ist die letzte Gebetsszene unseres Herrn, welche die Jünger – wenn auch nur mit Abstand – wahrgenommen haben.

Die folgenden Gebete Jesu am Kreuz haben die Jünger nicht miterlebt. Es kann sein, dass Johannes, den wir laut Johannes 19,26-27 als einzigen Jünger in der Nähe des Kreuzes finden, einige der Worte Jesu selbst gehört und in seinem Evangelium niedergeschrieben hat. Alle anderen Jünger waren nach der Gefangennahme Jesu geflohen – oder beobachteten wie Petrus das Geschehen aus der Ferne, »*um das Ende zu sehen*« (Mt 26,58). Nicht als Nachfolger, sondern als ängstlicher und zugleich neugieriger Zuschauer – der ihn schließlich, wenige Stunden später, unter Fluchen und Schwören verleugnen würde.

Der letzte, schwere und einsame Gang zum Kreuz auf Golgatha stand nun vor ihm – und auf diesem Gang konnte ihm kein Jünger folgen.

»Verlassen von den Mengen,
die Deine Huld geschmeckt,
geschlagen und gegeißelt,
mit Schmach und Hohn bedeckt.

Gekrönt zum Spott mit Dornen,
kein Jünger folgte mehr,
verraten und verleugnet,
nur Feinde um dich her.

So gingst Du hin zum Kreuze
als Gottes treuer Knecht,
durch ew'ge Lieb getrieben,
gehorsam und gerecht.«
Eduard Kogut / Willi Zutter

Und dann begann die dunkelste Stunde der Menschheits-geschichte, in welcher Jesus Christus als unser Bürge und Stell-vertreter von Gott verlassen, zur Sünde gemacht und für unsere Schuld bestraft wurde.

Es waren die für unseren Verstand nicht ergründbaren, furcht-baren drei Stunden am Kreuz, wo das Land mitten am Tag von einer plötzlichen Sonnen-Finsternis überfallen wurde. Es scheint so, als würde Gott einen Vorhang um das für uns unbegreifliche Gericht Gottes an seinem Sohn ziehen. Vollzogen an dem ein-zig sündlosen, reinen, gehorsamen, vollkommenen Menschen, bei dessen Taufe – wie wir am Anfang unserer Betrachtungen gesehen haben – sich der Himmel öffnete und Gott seine Freude und sein Wohlgefallen öffentlich bekundete.

Aber jetzt, in diesen drei Stunden auf dem Hügel Golgatha, schien der Himmel verschlossen zu sein. Der erschütternde Schrei Jesu »*Mein Gott, mein Gott, warum hast du mich verlassen?*« (Mt 27,46) verhallte scheinbar ungehört und unbeantwortet in der bedrückenden Dunkelheit auf Golgatha …

Jeder, der das Wunder der Stellvertretung glauben und verstehen kann, wird mit Fritz von Bodelschwingh bekennen:

> »*Nun im heil'gen Stilleschweigen*
> *stehen wir auf Golgatha.*
> *Tief und tiefer wir uns neigen*
> *vor dem Wunder, das geschah,*
> *als der Freie ward zum Knechte*
> *und der Höchste ganz gering,*
> *als für Sünder der Gerechte*
> *in des Todes Rachen ging.*«

Doch es blieb nicht finster auf Golgatha. Nach den drei Stunden der sühnenden Leiden Jesu hören wir den befreiend-jubelnden

Siegesruf, der im Grundtext nur aus dem einen Wort *»tetelestai«* besteht, das man mit »vollbracht«, »bezahlt« oder »vollendet« übersetzen kann und in unseren Bibeln mit *»Es ist vollbracht!«* (Joh 19,30) wiedergegeben wird.

Doch die letzten Worte, das letzte Gebet unseres Herrn vor seinem Tod, berichtet nur Lukas (23,46):

»Vater, in deine Hände übergebe ich meinen Geist!«

Erinnern wir uns: Sein öffentlicher Dienst begann am Jordan mit einem Gebet und mit Gebet beendet der Herr sein Lebenswerk zur Ehre Gottes und legt seinen Geist vertrauensvoll in die Hände des Vaters.

Gibt es einen größeren Anreiz, mit ganzem Herzen ein Leben zur Ehre unseres Gottes anzustreben, als das vollkommene Leben und Sterben unseres Herrn und Heilandes zu betrachten und auf uns wirken zu lassen?

Für Isaac Watts gab es angesichts des Kreuzes nur eine Konsequenz:

»Dein Kreuz zerstört den falschen Ruhm;
durch Deinen Tod bin ich befreit,
gebunden als Dein Eigentum
an Dich allein für allezeit.

Was ich zum Dank auch gebe Dir,
die ganze Welt ist noch zu klein;
der Dank für diese Liebe hier
kann nur mein eignes Leben sein.«

Ausklang

Das Vermächtnis David Brainerds

David Brainerd (1718–1747) war einer der ersten Missionare, die als Pioniere unter den Indianern Nord-Amerikas missioniert haben.

Unter unsagbaren Mühen, oft völlig allein in der Wildnis, von Schwermut und anfänglicher Erfolglosigkeit geplagt, suchte und fand er immer wieder Ruhe und neue Freude in Gott. Viele Tage und Nächte verbrachte er mit Fasten, Gebet und dem Nachdenken über Gottes Wort.

Zu einem Zeitpunkt, an dem Brainerd davor stand, völlig entkräftet, niedergeschlagen und deprimiert seine Missionstätigkeit aufzugeben, schenkte Gott plötzlich eine gewaltige Erweckung unter den Indianern, für die es keine menschliche Erklärung gab.

Die Tagebücher, die David Brainerd in diesen Jahren schrieb, geben auf ergreifende Weise Zeugnis davon, wie ein junger Christ zunächst sich selbst in aller Verdorbenheit, Sündhaftigkeit und Unbrauchbarkeit erkennt und gleichzeitig geöffnete Augen für die Herrlichkeit Gottes und die Größe seiner Gnade bekommt.

Brainerd wurde nur 29 Jahre alt und verbrachte seine letzten Monate als sterbenskranker Mann im Haus des bekannten Erweckungspredigers und Theologen Jonathan Edwards, der ihn als väterlicher Freund sicher am besten kannte und großen Anteil an seiner geistlichen Entwicklung hatte.

Als nach menschlichem Ermessen deutlich wurde, dass Brainerd sterben würde, versuchte Edwards seinen jungen Freund zu bewegen, dessen Tagebücher nach seinem Tod veröffentlichen zu dürfen.

Jonathan Edwards schrieb dazu:

»Es kostete große Mühe, ihn zu überzeugen, all seine privaten Schriften nicht völlig unter Verschluss zu halten. Er hatte eine fast unüberwindliche Abneigung dagegen, irgendeinen Teil seines Tagebuchs nach seinem Tod zu veröffentlichen.«[60]

Aber nachdem auch weitere Freunde ihn inständig gebeten hatten, sein uneingeschränktes Verbot zurückzunehmen, übergab er einen Teil seiner Aufzeichnungen Jonathan Edwards, damit er aus ihnen das verarbeiten sollte, *»... was Gott die meiste Ehre und der Frömmigkeit am meisten nützen würde«.*[61]

Edwards hat schließlich nach dem frühen Tod Brainerds eine Auswahl seiner Tagebuch-Einträge und sonstiger Aufzeichnungen unter dem Titel *»Das Leben von David Brainerd – Tagebuch eines Indianermissionars«* herausgegeben und ausgezeichnet kommentiert.

Bereits im 18. Jahrhundert hat dieses Buch eine ungeheure Wirkung auf Männer wie John Wesley, George Whitefield, William Carey und viele andere ausgeübt. Später waren es Henry Martyn, C. H. Spurgeon und Andrew Murray. Und schließlich im 20. Jahrhundert nicht zuletzt auch Jim Elliot, der durch das Lesen des Tagebuchs ermutigt wurde, *»an ein gottseliges Leben im Licht eines frühen Todes zu denken«.* Jim Elliot starb – ebenso wie sein Vorbild – als Missionar im Alter von 29 Jahren und hinterließ das bekannte Tagebuch *»Im Schatten des Allmächtigen«*, das von seiner Frau Elisabeth herausgegeben und in viele Sprachen übersetzt wurde.

Wir haben in dem vorliegenden Buch einige wertvolle Auszüge aus Brainerds Aufzeichnungen wiedergegeben, weil sie ermutigende Beispiele eines hingegebenen Beters sind. Abschließend folgt nun ein Brief David Brainerds an seinen leiblichen

Bruder John, der Davids Missionsarbeit unter den Indianern fortsetzte, und eine letzte Tagebuch-Aufzeichnung.

Der beeindruckende Brief wurde von Brainerd wenige Wochen vor seinem Tod am 9. Oktober 1747 geschrieben.

Jonathan Edwards hat diesen wahrscheinlich letzten Brief Brainerds mit folgenden Worten überschrieben:

»An seinen Bruder John in Bethel, der Stadt der christlichen Indianer in New Jersey, ebenso in Boston verfasst, als er dort an der Schwelle zum Grab stand, im Sommer vor seinem Tod.«

Lieber Bruder,
ich bin nun gerade an der Schwelle zur Ewigkeit und erwarte, sehr rasch in die unsichtbare Welt zu treten. Ich fühle mich nicht mehr als Bewohner der Erde und sehne mich manchmal ernstlich, »aufzubrechen und bei Christus zu sein«.

Ich preise Gott, er hat mir vor einigen Jahren die bleibende Überzeugung gegeben, dass es für jedes vernünftige Geschöpf unmöglich ist, wahre Glückseligkeit zu erleben, ohne völlig ihm hingegeben zu sein. Unter dem Einfluss dieser Überzeugung habe ich zu einem gewissen Maß gehandelt. Oh, hätte ich doch mehr so gehandelt! Ich erkannte sowohl die Vorzüglichkeit als auch die Notwendigkeit der Heiligkeit im Leben. Doch ich sah dies nie in solch einer Weise wie jetzt, als ich direkt an den Rand des Grabes gebracht wurde.

Oh, mein Bruder, jage der Heiligkeit nach, dränge zu diesem gesegneten Ziel hin und lass Deine dürstende Seele fortwährend sagen: »Ich werde nie gesättigt werden, bis ich erwache mit deinem Bild!« [...]

Und nun, mein lieber Bruder, muss ich Dich drängen, persönlicher Heiligkeit nachzujagen, so viel zu fasten und zu beten, wie es Deine Gesundheit zulässt, und über dem Durchschnitt gewöhnlicher Christen zu leben [...]

Mühe Dich, zwischen wahrer und falscher Frömmigkeit zu unterscheiden, und achte zu diesem Zweck auf die Regung des Geistes Gottes in Deinem Herzen. Richte Dich an ihn um Hilfe, und vergleiche Deine Erfahrungen unvoreingenommen mit seinem Wort. Lese von Herrn Edwards über die Gemüts-regungen, wo der Kern und die Seele der Frömmigkeit deut-lich von falschen Stimmungen unterschieden wird. Bewerte religiöse Freude anhand des Inhalts von ihr [...]

Bei wahrer geistlicher Freude freut sich die Seele über das, was Gott in sich selbst ist; Gott für seine Heiligkeit, Souveränität, Macht, Treue und all seine Vollkommenheit lobt; Gott dafür verehrt, dass er ist, was er ist; dass er unendliche Herrlich-keit und Seligkeit unveränderlich innehat. Wenn nun Men-schen so über die Vollkommenheit Gottes und über die unend-liche Vorzüglichkeit des Heilswegs durch Christus und die heiligen Gebote frohlocken, welche eine Abschrift seines hei-ligen Wesens sind, dann ist solche Freude göttlich und geist-lich. Unsere Freude wird zur Stunde des Todes bei uns sein, wenn wir dann gewiss sein können, dass wir derartig höher als das Selbst gehandelt haben und uns in selbstloser Weise, wenn ich es so sagen darf, in der Herrlichkeit des gepriesenen Gottes gefreut haben [...]

Ich fürchte, Du bist Dir nicht genügend bewusst, wie viel fal-sche Frömmigkeit es in der Welt gibt. Viele ernsthafte Christen und geschätzte Pastoren lassen sich von dieser falschen Flamme zu leicht beeindrucken. Ich fürchte ebenso, dass Dir die schreck-lichen Auswirkungen und Folgen dieser falschen Frömmigkeit nicht bewusst sind. Lass mich Dir sagen, dass dies der Teufel ist, der sich als ein Engel des Lichts verstellt. Sie ist eine Brut der Hölle, die immer bei jeder Erweckung der Frömmigkeit entsteht und die Sache Gottes erdolcht und ermordet, während sie üblicherweise mit einer großen Zahl wohlmeinender Men-schen auf dem Gipfel der Frömmigkeit mitläuft. Mache Dich bereit, mein Bruder, das Erscheinen dieses Wesens unter den Indianern zu zerschmettern, und ermutige niemals zu irgendeinem Maß an Leidenschaft ohne Licht.

Ermahne meine Leute im Namen ihres sterbenden Pastors, ja, in dem Namen dessen, der tot war und nun lebt, so zu leben und zu wandeln, wie es sich für das Evangelium geziemt. Erkläre ihnen, wie groß die Erwartungen Gottes und seines Volkes an sie sind und wie furchtbar sie die Sache Gottes verwunden und auch verhängnisvolle Vorurteile bei anderen armen Indianern wecken werden, wenn sie in Laster fallen. Betone immer, dass ihre Erlebnisse verderbt und ihre Freude trügerisch ist, selbst wenn sie in ihrer eigenen Einbildung durch sie in den dritten Himmel entrückt wurden, solange nicht der Haupt-Tenor ihres Lebens geistlich, wachsam und heilig ist. Indem Du auf diese Dinge Nachdruck legst, »wirst du sowohl dich selbst retten als auch die, welche auf dich hören«.

Gott weiß, ich war von Herzen bereit, ihm länger im Werk des Dienstes zu dienen, obwohl er immer noch mit all den Mühen und Nöten vergangener Jahre verbunden wäre, wenn er es für angebracht gehalten hätte, dass es so sein soll. Doch ich bin vollkommen zufrieden damit, dass sein Wille jetzt anders scheint, und kann mit größter Freimütigkeit sagen: »Der Wille des Herrn geschehe!«

Es bewegt mich, daran zu denken, Dich in einer Welt der Sünde zurückzulassen – mein Herz bemitleidet Dich, dass Dir diese Stürme und Gewitter noch bevorstehen, von denen ich, worauf ich vertraue, aus Gnade fast erlöst bin. Doch »der HERR lebt! Gepriesen sei mein Fels«. Er ist der gleiche allmächtige Freund, und wird, darauf vertraue ich, Dein Führer und Helfer sein, wie er der meine war.

Und nun, mein lieber Bruder, »übergebe ich [Dich] Gott und dem Wort seiner Gnade, das die Kraft hat, [Dich] auf-

zuerbauen und ein Erbteil zu geben unter allen Geheilig-
ten«. Mögest Du privat wie auch in der Öffentlichkeit Got-
tes Gegenwart genießen und mögen »gelenkig [sein] die Arme
[Deiner] Hände, von den Händen des Mächtigen Jakobs«!
Dies sind die leidenschaftlichen Wünsche und Gebete von

herzlich Deinem sterbenden Bruder,
DAVID BRAINERD. [62]

Das Tagebuch Brainerds endet mit einer Eintragung vom
2. Oktober 1747 – also eine Woche vor seinem Heimgang:

»2. Oktober: – Meine Seele war phasenweise an diesem Tag
selig auf Gott ausgerichtet. Ich sehnte mich danach, bei ihm
zu sein, dass ich seine Herrlichkeit erblicken möchte. Ich fühlte
mich selig geneigt, ihm alles zu übergeben, selbst meine teuers-
ten Freunde, meine teuerste Herde, meinen abwesenden Bru-
der und all meine Sorgen für Zeit und Ewigkeit. Oh, dass sein
Reich in der Welt kommen möge, dass sie ihn alle für das lie-
ben und preisen mögen, was er in sich selbst ist, und dass der
gepriesene Heiland, ›nachdem seine Seele Mühsal erlitten hat
… er seine Lust sehen und die Fülle haben möge‹!
Oh, komm Herr Jesus, Herr Jesus, komme bald!
Amen.« [63]

(Der letzte Brief und diese letzte Tagebuch-Eintragung wurden mit freund-
licher Genehmigung des 3L-Verlags, Waldems, aus dem Buch von Jonathan Edwards, »*Das Leben von David Brainerd – Tagebuch eines Indianer-*
missionars«, abgedruckt.)

Anhang 1

»Bethaus« oder »Räuberhöhle«?

»Und als er in den Tempel eingetreten war, fing er an, die Verkäufer hinauszutreiben, und sprach zu ihnen: Es steht geschrieben: ›Mein Haus soll ein Bethaus sein‹; ihr aber habt es zu einer Räuberhöhle gemacht.« Lukas 19,45-46

Im Leben unseres Herrn gab es bekanntlich zwei Tempel-Reinigungen – die erste zu Beginn seines Dienstes (Joh 2,13-17) und die zweite wenige Tage vor seinem Tod.

Bei der ersten Tempel-Reinigung machte er sich eine Geißel aus Stricken und trieb damit die Händler und Wechsler samt ihren Tieren aus dem Tempel. Dann schüttete er das Geld auf die Erde, warf die Tische um und sagte den verbleibenden Taubenverkäufern: »*... macht nicht das Haus meines Vaters zu einem Kaufhaus!*« (Joh 2,16).

Er sprach mit Recht von dem Tempel als von einem »Kaufhaus«, weil von den Hohenpriestern lizenzierte Händler gute Geschäfte mit der Religiosität der Leute machten. Die Historiker berichten, dass diese Geschäftsleute nur Münzen aus Tyrus akzeptierten, welche den damals höchsten Silberanteil enthielten. Wenn nun ein Jude mit römischen Silbermünzen kam, musste er bei den Wechslern gegen Aufpreis die Münzen tauschen, damit er anschließend in der anderen Abteilung das Tier kaufen konnte, das er opfern wollte.

An diesem fast mafiösen System verdienten die religiösen Führer, die Wechsler und schließlich auch die Viehhändler. Hier wusch eine Hand die andere ...

Der Verkauf von Tieren vor dem Tempel war nicht von Gott verboten. In 5. Mose 14,24-26 kann man nachlesen, dass ein Jude, der einen weiten Weg zum Tempel in Jerusalem zurücklegen musste, um dort zu opfern, Geld in seinem Beutel mitnehmen konnte. Mit diesem Geld konnte er in Jerusalem das Tier kaufen, das er Gott opfern wollte.

Aber diese von Gott erlaubte und zweckmäßige Dienstleistung wurde im Lauf der Zeit zu einem einträglichen Geschäft. Religiosität wurde von den Geiern der Profitgier vermarktet. Das gab es nicht nur zur Zeit Jesu. Bereits Jahrhunderte vorher musste Gott dem Hohenpriester Eli vorhalten: »... *ihr mästet euch von den Erstlingen aller Opfergaben Israels, meines Volkes*« (1Sam 2,29).

Jahrhunderte später finden wir eine ähnliche Geschäftemacherei in der Christenheit. Wir erinnern uns an den schauderhaften Handel mit Ablassbriefen und Reliquien im Mittelalter und wundern uns über ähnliche Entartungen in der Gegenwart, wo auch solche, die sich »evangelikal« nennen, ihre Geldgier durch bösartige Geschäfte unter christlichem Deckmantel befriedigen.

So kann man inzwischen z. B. auch in den USA bei gewissen sich »evangelikal« nennenden Kirchen gegen Geld für sich »beten« lassen oder gegen eine enorme Geldsumme ein seelsorgerliches Gespräch mit einem prominenten Evangelisten buchen. Selbst »heilendes Wasser« oder »heilende Tücher« werden gegen entsprechende Spenden angeboten.

Der Vermarktung von »Religiosität« scheinen kaum Grenzen gesetzt zu werden. Über hohe Eintrittsgelder für religiöse Veranstaltungen und christliche Konzerte regt sich schon keiner mehr auf, ebenso wenig über die Honorar-Forderungen von Verkündigern, Musikern usw.

Buchtitel von evangelikalen Bestseller-Autoren werden meistbietend versteigert, Kitsch und Klüngel – sogenannte »Nonbook-Artikel« – füllen die Kataloge christlicher Verlage, die wenig Chancen sehen, nur mit der Verbreitung von Literatur überleben zu können.

Christen, »*die meinen, die Gottseligkeit sei ein Mittel zum Gewinn*« (1Tim 6,5), gab es nicht nur zur Zeit von Paulus. Viele Kirchen heute sind voll von ihnen, und manche erinnern eher an ein Geschäfts-Unternehmen als an ein Bethaus.

Die zweite und letzte Tempel-Reinigung wenige Tage vor Jesu Hinrichtung verlief ähnlich, aber mit einer veränderten Begründung:

>»*Es steht geschrieben: ›Mein Haus soll ein Bethaus sein‹; ihr aber habt es zu einer Räuberhöhle gemacht.*«   *Lukas 19,46*

Luther (1912) übersetzt noch etwas drastischer »*... zur Mördergrube*«.

Innerhalb von drei Jahren scheint sich der Charakter des Tempels vom »Kaufhaus« zu einer »Räuberhöhle« entwickelt zu haben. Tatsächlich lesen wir im nächsten Vers: »*... die Hohenpriester aber und die Schriftgelehrten und die Ersten des Volkes suchten ihn umzubringen*« (Lk 19,47).

Geldgier und Mordlust waren immer schon nahe »Verwandte«, und wer heute Geldgier und Habsucht bei evangelikalen Einflussträgern anprangert, muss auch mit Rufmord rechnen und einkalkulieren, »unter die Räuber« zu fallen – und hat hoffentlich selbst eine reine Weste!

Doch das nur nebenbei – es geht ja bei diesem Thema vor allem um Gottes Bestimmung für den Tempel: Er sollte ein »Bethaus« sein.

Zur Zeit des Alten Testaments bestand der Tempel bekanntlich aus Steinen, während das Haus Gottes im Neuen Testament nicht aus einem Gebäude, sondern aus »*lebendigen Steinen*« (1Petr 2,5), aus wiedergeborenen Menschen besteht.

Leider hat sich bei uns im Laufe der Zeit eine Begriffsverwechslung eingeschlichen, indem wir von einer Gemeinde sprechen, aber an ein Gebäude denken.

Wenn wir sagen: »Wir gehen heute in die Gemeinde«, dann meinen wir häufig damit, dass wir zu einem Haus oder Saal gehen, in dem sich die Gemeinde trifft. Die Tatsache, dass dann meist an den Gemeindehäusern ein Schild befestigt ist, das den Namen der jeweiligen Gemeinde trägt, untermauert das genannte Missverständnis.

In England und in den USA nennen manche Gruppen von Christen ihren Versammlungs-Saal schlicht »Gospel Hall« oder in Lateinamerika »Sala Evangelica«, um deutlich zu machen, dass die Gemeinde Gottes eben kein Gebäude aus Steinen ist.

Die Gemeinde Gottes – ein Bethaus?

Die Gemeinde Gottes wird im Neuen Testament als »*Tempel Gottes*« bezeichnet, in dem der »*Geist Gottes*« wohnt (1Kor 3,16). Auch jeder einzelne Gläubige wird »*Tempel des Heiligen Geistes*« (1Kor 6,19) genannt, womit deutlich wird, dass jeder einzelne Christ wie auch jede Gemeinde den Charakter eines »Bethauses« zeigen sollte.

Erinnern wir uns auch an das Gespräch unseres Herrn mit der Samariterin am Jakobsbrunnen, in dem er deutlich macht, dass die Zeit kommt, wo es nicht mehr um einen buchstäblichen Tempel in Jerusalem oder einen Altar auf dem Berg Garizim geht. Gott möchte »*in Geist und Wahrheit*« angebetet werden, denn »*der Vater sucht solche als seine Anbeter*« (Joh 4,21-24).

Nachdem in 2. Chronik 6 Salomo den Tempelbau in Jerusalem fertiggestellt hatte, wurde dieses gewaltige Haus eingeweiht mit einem ergreifenden Gebet des Königs – in der Gegenwart des ganzen Volkes.

Der erste, kürzere Teil dieses Gebets besteht aus Anbetung Gottes. Der zweite, längere Teil besteht aus Bitte und Fürbitte. Damit wird die eigentliche Bestimmung des Hauses Gottes deutlich: ein Bethaus!

Die erste Zusammenkunft der Jünger Jesu nach der Himmelfahrt des Herrn war eine Gebetsversammlung in einem Obersaal – wozu Leonard Ravenhill sich folgende, etwas ironische Bemerkung nicht verkneifen konnte:

>*Die Gemeinde aus dem Obersaal breitete sich über die ganze Welt aus. Heute bedienen die Ober im Saal eine Gemeinde, in der sich die Welt ausgebreitet hat.«*[64]

Wenige Tage später war die Schar der Apostel und Jünger am Pfingsttag *»alle an einem Ort beisammen«* (Apg 2,1), als sie alle mit Heiligem Geist erfüllt wurden. Von da an wird immer davon berichtet, dass die Christen *»einmütig ihre Stimme zu Gott erhoben«* (Apg 4,24) mit dem Resultat:

>*Und als sie gebetet hatten, erbebte die Stätte, wo sie versammelt waren; und sie wurden alle mit dem Heiligen Geist erfüllt und redeten das Wort Gottes mit Freimütigkeit.« (V. 31)*

Als Petrus von Herodes ergriffen und ins Gefängnis gesteckt wurde, berichtet die Apostelgeschichte: *»… aber von der Versammlung wurde anhaltend für ihn zu Gott gebetet«*, und zwar im Haus der Maria, *»wo viele versammelt waren und beteten«* (Apg 12,5.12).

Gemeinsames, einmütiges und anhaltendes Gebet war das Kennzeichen der Gemeinden zur Zeit der Apostel und ist seitdem Kennzeichen jeder geistlichen Erweckung in der Kirchengeschichte – die Gemeinde soll ein »Bethaus« sein!

James O. Fraser, der in den Jahren 1910–1937 unter den Lisus in West-China arbeitete, schrieb:

> *»Wir sollten zu jeder Zeit beten, ob wir nun gebetshungrig sind oder nicht. Wenn wir einen gesunden Gebetshunger besitzen, umso besser; doch wenn dieser Hunger nicht beachtet und zufriedengestellt wird, holt uns die Gleichgültigkeit ein und wir werden im Geist geschwächt, gleichwie das Fehlen von ausreichender Nahrung den Körper schwächt.«*[65]

Dementsprechend sah sein persönliches Gebetsleben aus und auch die Gebetsversammlungen der Gemeinden, die durch seinen Dienst entstanden:

> *»Gebetsstunden dauerten häufig bis in die frühen Morgenstunden an.«*[66]

Interessant ist, dass inzwischen – prozentual gesehen – aus Südkorea weltweit die meisten Missionare stammen. Sicher hängt das damit zusammen, dass nach dem Zweiten Weltkrieg in Korea eine gewaltige Gebetsbewegung entstand. Ausgangspunkt war ausgerechnet die Stadt Pjöngjang, die heutige Hauptstadt Nordkoreas. Diese Stadt, die man heute als die Zentrale einer der weltweit schlimmsten Christenverfolgungen bezeichnen kann, war vor dem Krieg als »Jerusalem des Ostens« bekannt. Tausende Christen kamen dort jeden Morgen zum Gebet zusammen.

Als der grausame Korea-Krieg begann, in dem die Kommunisten aus Nordkorea Südkorea besetzen wollten, flüchteten Tausende Christen vom Norden in den Süden und praktizierten ihre Gebetsgewohnheiten nun auch in ihrer neuen Heimat. An jedem Tag der Woche versammelten sich in vielen Gemeinden die Geschwister bereits um fünf Uhr morgens zum gemeinsamen Gebet.

Diese Gewohnheit hat sich in einigen großen Gemeinden über Jahrzehnte bis in die Gegenwart erhalten. Ein Freund von mir, der vor wenigen Jahren Gemeinden in Südkorea besuchte, bestätigte diese Tatsache. Bereits um 5 Uhr am Morgen kamen Hunderte Geschwister zur ersten Gebetsversammlung zusammen. Und als diese zu Ende war, trat die nächste Gruppe von Betern an, die nicht schon um 7 Uhr am Arbeitsplatz sein mussten. Und das Tag für Tag, jahraus, jahrein.

Dieses anhaltende Gebet hat größere Auswirkung auf die Bekehrung von Menschen in aller Welt als alle anderen Missions-Strategien und Gemeindewachstums-Programme zusammen.

Erinnern wir uns an Tozers Überzeugung:

»Das wahre Erfolgsgeheimnis jeder Gemeinde ist das Gebet. Machen wir uns nichts vor: Unsere Reinheit, unsere Kraft, unsere Frömmigkeit und unsere Heiligkeit werden immer nur so stark sein wie unser Gebet.«[67]

Zahlenmäßig wachsende Gemeinden, deren Gebetsversammlungen schrumpfen, sind gefährlich erkrankt und leben in einer Selbsttäuschung.

Der Besuch und die Intensität unserer Gebetsversammlungen sind ein Spiegel unseres persönlichen Gebetslebens. Wer zu Hause normalerweise nur 5 Minuten zu beten pflegt, wird kaum Interesse haben, mit der Gemeinde 50 Minuten zu beten.

Die anschließende Auswertung einer Umfrage über Gebetsversammlungen macht deutlich:

- In den meisten Gemeinden ist die Gebetsversammlung die am schlechtesten besuchte Gemeinde-Veranstaltung.
- Immer mehr Gemeinden gehen dazu über, nur noch alle zwei Wochen zum Gebet zusammenzukommen.
- Es ist in vielen Gemeinden deutlich die Tendenz zu erkennen, die Gemeinde-Gebetsstunde auf mehrere Hauskreise zu verlegen. Man hat die Hoffnung, dass in dieser ungezwungeneren Atmosphäre vertrauter und mehr gebetet wird.
- In vielen Gemeinden sind junge Geschwister nur wenig oder gar nicht in den Gebetsversammlungen anwesend.

Vor einigen Monaten besuchte ich eine attraktive, junge und dynamisch wachsende Gemeinde. Das war für mich ein eindrückliches Erlebnis:

Ein tolles Gemeindegebäude. Perfekte Gestaltung, Beschallung und Lüftung. Etwa 120 bis 150 Besucher – darunter viele junge Familien. Offene, freundliche Atmosphäre. Allerdings: Langes Vor-Programm und nur etwa 30 Minuten Zeit für die Predigt.

Als ich am Ende der Veranstaltung noch mit einigen Geschwistern zu einem Nachgespräch zusammensaß, fragte ich u. a. nach der Gebetsversammlung. Zuerst peinliches Schweigen, dann die bedrückende Antwort: »Wir haben jede Woche eine Gebetsstunde – aber es kommen meist nur etwa zehn Geschwister. Letzte Woche waren wir sogar nur zu viert! Kein einziger Jugendlicher war anwesend!«

Leider ist diese Erfahrung keine Ausnahme. Erstaunlicherweise wird nicht selten berichtet, dass sogar die Ältesten oder verantwortlichen Leiter der Gemeinde wenig oder manchmal gar nicht erscheinen.

Von einer großen, für Disziplin und Bibeltreue bekannten Gemeinde wurde berichtet, dass einer der Ältesten wegen

Arbeitsdruck eine »Arbeitsteilung« vorgeschlagen hat: »Ihr betet und ich bereite mich auf die Predigt vor.«

Dieser Vorschlag eines Gemeindeleiters sagt viel über die Wertschätzung des Gemeindegebets aus.

Traurige Tatsachen sind aber auch folgende Beobachtungen:

- Gebetsversammlungen sind oft buchstäblich geistlos und langweilig.
- Meistens beten immer die gleichen vier oder fünf Brüder – die übrigen verweigern permanent ihre Beteiligung.
- Die allgemeinen Phrasen in den Gebeten wirken einschläfernd.
- Oft werden ohne persönliche Betroffenheit und ohne innere Beteiligung »Pflichtgebete« gesprochen.
- Viele Gebete sind endlos lang und wenig konkret.
- Man betet für Grönland und Südafrika – aber nicht für die dringenden und auf den Nägeln brennenden Nöte der eigenen Gemeinde. Nöte, die alle spüren, aber keiner im Gebet auszusprechen wagt. Dann wären zumindest alle hellwach!

Gründe für die Geringschätzung der Gebetsversammlung:

- »Die Gebetsstunde bringt mir nichts, was habe ich davon!?«
- »Beten kann ich genauso gut zu Hause!«
- »Die Gebetstunde ist langweilig, ich weiß schon im Voraus, was die Brüder X und Y beten werden.«
- »In der Gebetsversammlung schlafe ich regelmäßig ein. Da bleibe ich lieber gleich zu Hause.«
- »Ich kann mich beim Gebet nicht konzentrieren – die Gedanken gehen auf die Reise.«

Man könnte hier noch eine ganze Anzahl weiterer Argumente nennen, die immer wieder als Begründung angeführt werden, warum man die Gebetsversammlung nicht oder nicht gerne besucht.

Dazu ist zu sagen:

- Gebetsversammlungen sind nicht da, um etwas zu bekommen, sondern um etwas zu geben: Zeit, Interesse und Anteilnahme für Gottes Anliegen und für die Freuden und Leiden unserer Mitgeschwister und Mitmenschen.
- Natürlich kann und soll man zu Hause beten. Aber Gott hat auf das gemeinsame und einmütige Gebet eine besondere Verheißung gelegt (Mt 18,19-20). Das setzt allerdings voraus, dass in der Gebetsversammlung gezielt und konkret für Anliegen der Gemeinde gebetet wird. Der öffentlich Betende ist dann der Sprecher der Gemeinde zu Gott und die anwesenden Geschwister bekräftigen das Gebet hoffentlich mit einem lauten »Amen«.
- Die Gebetsversammlung ist nicht der Ort, wo jeder seine persönlichen, privaten Anliegen vor Gott ausschüttet. Das kann in separaten Gebetskreisen oder zu Hause hinter verschlossenen Türen geschehen. In der Gemeinde sollten wir gezielt für gemeinsame Anliegen beten, wobei die Geschwister natürlich auch um Gebets-Unterstützung in persönlichen Nöten oder Situationen bitten dürfen, die dann zu einem gemeinsamen Anliegen werden.

Plädoyer für eine Gemeinde-Gebetsversammlung

- Wir können nicht dankbar genug sein, wenn sich innerhalb der Gemeinde separate Gebetskreise von Brüdern, Schwestern, Eheleuten, Jugendlichen und Senioren bilden, die sich regelmäßig treffen, um gezielt für besondere Anliegen zu beten.

Doch bei aller Dankbarkeit: Sie können kein Ersatz für das einmütige Gebet der versammelten Gemeinde sein!

- Voraussetzung für erhörliches Gemeinde-Gebet ist neben Reinheit und praktischer Heiligkeit eine geistliche Übereinstimmung und Einmütigkeit.

Wo innerhalb der Gemeinde Streit, Zwietracht, Unversöhnlichkeit und Bitterkeit geduldet wird, entartet die Gebetsversammlung zu einer Farce.

- Es ist hilfreich, wenn die konkreten Gebetsanliegen vor den Gebeten zusammengetragen und deutlich benannt werden.
- »Anhaltendes Gebet« bedeutet nicht, dass ein Bruder ermüdend lange betet, sondern möglichst viele nacheinander mit Intensität und Ausdauer für ein konkretes Anliegen flehen.

Einige Empfehlungen zum Schluss

- Der Beter sollte mit lauter Stimme und für alle hörbar beten, damit alle mit Überzeugung »Amen« sagen können. Brüder, die meinen, dass ein Gebet mit leiser, weinerlicher Stimme ein Zeichen von Demut und besonderer Geistlichkeit sei, sollte man freundlich, aber deutlich ermahnen.
- »*Kurze Gebete sind lang genug!*«, pflegte Spurgeon zu sagen – zu dessen wöchentlichem Gemeinde-Gebetsabend übrigens etwa 1000 Geschwister kamen!

Ein Kennzeichen der Pharisäer war u. a., dass sie zum Schein lange Gebete hielten (Lk 20,47).

Die Erfahrung zeigt – obwohl es sicher Ausnahmen gibt –, dass solche, die in der Öffentlichkeit lange Gebete halten, sich im »stillen Kämmerlein« nicht lange aufhalten. Wer seine Schaufenster voll mit Ware packt, hat meist nichts auf Lager.

- Ein Gebet in der Gebetsversammlung darf nicht dazu missbraucht werden, versteckte Seitenhiebe gegen Anwesende auszuteilen, sie anzupredigen oder die eigene Bibelkenntnis zur Schau zu stellen.
- Gebete sollten konkret und gezielt sein. Bringe ein oder zwei Anliegen ohne Umschweife vor den Herrn. Den Rat Luthers: *»Steh rasch auf, mach's Maul auf, hör bald auf!«*, kann man auch auf das öffentliche Gebet anwenden.

Wenn Robin Hood seinen gefürchteten Pfeil und Bogen zog, dann fuchtelte er nicht lange theatralisch und geräuschvoll herum, sondern zielte kurz und schoss.

Auch hier gibt Spurgeon einen weisen Rat:

> *»Unser Gebet braucht nicht Länge, sondern Kraft. Die Dringlichkeit unserer Not ist ein exzellenter Lehrer zur Kürze. Wenn unsere Gebete weniger von den Zierfedern des Stolzes und mehr von den Flügeln des Glaubens hätten, es stünde besser um sie. Viele Worte verhalten sich zu echter Frömmigkeit wie die Spreu zum Weizen.«*[68]

Man kann in 30 bis 60 Sekunden ein oder zwei Anliegen konkret dem Herrn sagen. Bei einer Gebetsversammlung von 60 Minuten könnten dann 40 bis 50 Gebete gesprochen werden, wobei einige Sekunden Stille zwischen den Gebeten eingerechnet sind.

Wenn viele Brüder kurz, kernig, konkret und von ganzem Herzen beten, wird kaum ein Anwesender einschlafen. Spätestens bei einem lauten »Amen!« werden alle wieder wach sein. Und so kann die Gebetsversammlung wieder zu einer elementar wichtigen Zusammenkunft werden, die keiner versäumen möchte.

Die äußere Form?

Für die Gebetsversammlung finden wir im Neuen Testament keine detaillierten Anweisungen, wie oder wie oft in der Woche eine solche Zusammenkunft stattfinden soll. Ob man zuerst ein Lied singt oder zunächst einige Schriftstellen gelesen werden, jemand eine kurze Ansprache zum Thema Gebet hält oder aber die Zusammenkunft mit dem Zusammentragen der Gebetsanliegen beginnt, darüber verliert das Neue Testament kein Wort.

Ob man beim Beten knien, sitzen, stehen oder auf dem Angesicht liegen soll, wird auch nicht vorgeschrieben. Wohl aber finden wir deutliche Anweisungen, in welcher geistlichen Verfassung gebetet werden soll – und das ist zweifellos wesentlich wichtiger als der äußere Rahmen:

>*»Ich will nun, dass die Männer an jedem Ort beten, indem sie heilige Hände aufheben, ohne Zorn und zweifelnde Überlegung.«*
> *1. Timotheus 2,8*

Organisatorische Konzepte zur Belebung von Gebetsversammlungen werden – wenn überhaupt – nur vorübergehend Veränderung bewirken. Wenn die einzelnen Geschwister nicht ihre Abhängigkeit vom Herrn fühlen und in ihrem persönlichen Leben intensives Gebet kennen, werden alle künstlichen »Wiederbelebungs-Versuche« scheitern. Auch hier beginnt die Erweckung im Herzen eines jeden Einzelnen!

>*»Da erschien der Herr Salomo in der Nacht und sprach zu ihm: Ich habe dein Gebet gehört und mir diesen Ort zum Opferhaus erwählt. Wenn ich den Himmel verschließe und kein Regen sein wird, und wenn ich der Heuschrecke gebiete, das Land abzufressen, und wenn ich eine Pest unter mein*

Volk sende, und mein Volk, das nach meinem Namen genannt wird, demütigt sich, und sie beten und suchen mein Angesicht und kehren um von ihren bösen Wegen, so werde ich vom Himmel her hören und ihre Sünden vergeben und ihr Land heilen.

Nun werden meine Augen offen und meine Ohren aufmerksam sein auf das Gebet an diesem Ort.« 2. Chronik 7,12-15

Anhang 2

Eine Umfrage –
und ein schockierendes Ergebnis

In den vergangenen Jahren habe ich eine Umfrage über das Gebetsleben der Gläubigen durchgeführt, die man allerdings nicht unbedingt als »repräsentativ« bezeichnen kann. Zum einen, weil die Umfrage zunächst nur in einem kleinen Rahmen aus persönlichem Interesse gestartet wurde.

Zum anderen aber, weil die Umfrage fast ausschließlich auf Bibel-Konferenzen, Bibeltagen und Jugendtagen durchgeführt wurde, deren Teilnehmer engagierte Christen waren, die man allgemein als »bibeltreu« und »konservativ« bezeichnen würde – also solche, die Interesse am Bibelstudium haben und bei denen man geistliche Anliegen voraussetzen kann.

Man kann allerdings mit großer Wahrscheinlichkeit davon ausgehen, dass das Ergebnis dieser Umfrage nicht wesentlich positiver ausgefallen wäre, wenn man diese Fragen einem breiteren Publikum gestellt hätte.

Die Umfrage wurde vor allem im deutschsprachigen Raum durchgeführt – nur etwa 26 % der etwa 3500 Antworten kommen aus Lateinamerika, Osteuropa und China. Überraschend ist die Feststellung, dass sich die Gebetsgewohnheiten in den verschiedenen Ländern nicht wesentlich unterscheiden.

Ein Großteil der Befragten verbringt nicht mehr als fünf Minuten pro Tag im Gebet! Fast 60 % der Befragten räumen dem Gebet nicht mehr als 15 Minuten am Tag ein – und das ist ein besorgniserregendes Ergebnis!

Der hohe Anteil derer, die unter »Lust- oder Kraftlosigkeit« zum Gebet leiden oder »keine innere oder äußere Ruhe« zum Gebet finden, ist ein Alarmsignal für alle, die sich um das geistliche Wohl der Geschwister Sorgen machen. Sicher spielt hier neben anderen Faktoren der enorme Einfluss der Medien eine große Rolle, über die wir uns ernsthafte Gedanken machen sollten.

Noch erschütternder scheint mir allerdings die Tatsache, dass etwa 19 % der Befragten als Grund für ihre Gebetsarmut »fehlende oder gestörte Gemeinschaft mit dem Herrn« angegeben haben. Wenn dieser hohe Prozentsatz bereits unter denen, die Bibel-Konferenzen usw. besuchen, vorhanden ist – die also ein gewisses Interesse an geistlichem Wachstum zeigen –, wie hoch würde dann erst der Anteil derer sein, die bei einer Befragung auf breiterer Basis die gleichen Probleme mit dem persönlichen Gebet hätten!?

Scheinbar wird dieses gravierende Problem in der örtlichen Seelsorge nicht erkannt oder aber sträflich vernachlässigt oder verdrängt.

Hier nun die Fragen zum persönlichen Gebetsleben:

Fragebogen zu Deinem Gebetsleben

1. Wie viel Zeit nimmst Du Dir täglich für das Gebet?
(bitte ankreuzen)

○ 1-5 Minuten   ○ 5-15 Minuten
○ 15-30 Minuten   ○ 30-60 Minuten
○ 60 und mehr Minuten

2. Wie viele Gebetszeiten hast du pro Tag?
(außer den Tischgebeten)

○ keine   ○ eine   ○ zwei   ○ drei   ○ mehr

3. Was hält Dich davon ab, mehr zu beten?

○ Lust- oder Kraftlosigkeit
○ keine innere oder äußere Ruhe
○ fehlende oder gestörte Gemeinschaft mit dem Herrn
○ andere Gründe

4. Hast Du schon einmal gefastet (und gebetet)?

Die Auswertung ergab folgende Ergebnisse:

1. Wie viel Zeit nimmst Du Dir täglich für das Gebet?

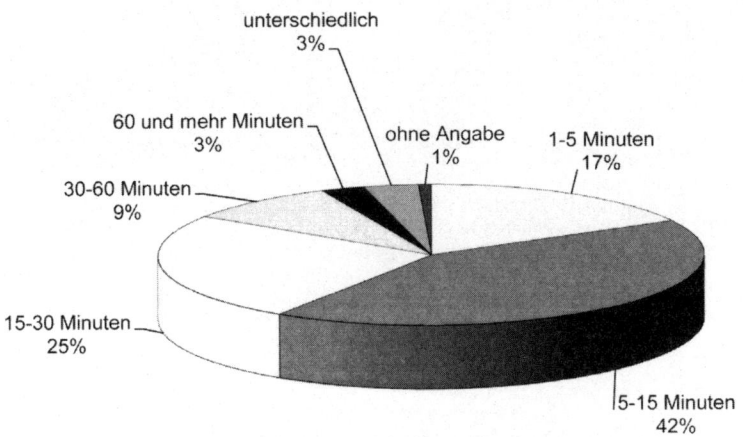

2. Wie viele Gebetszeiten hast du pro Tag?

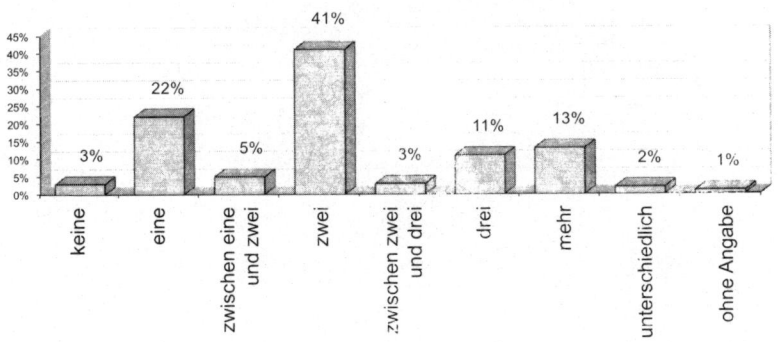

3. Was hält Dich davon ab, mehr zu beten?

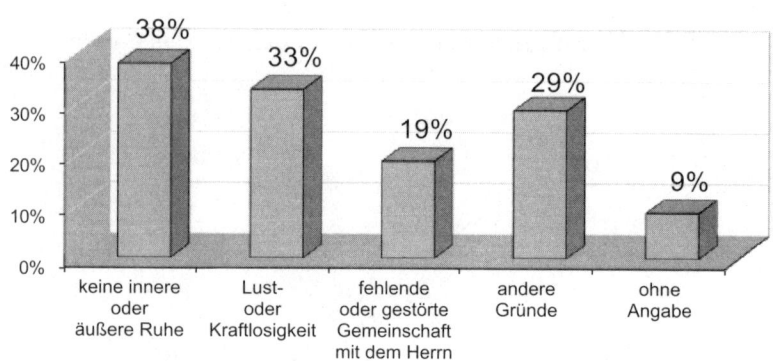

4. Hast Du schon einmal gefastet (und gebetet)?

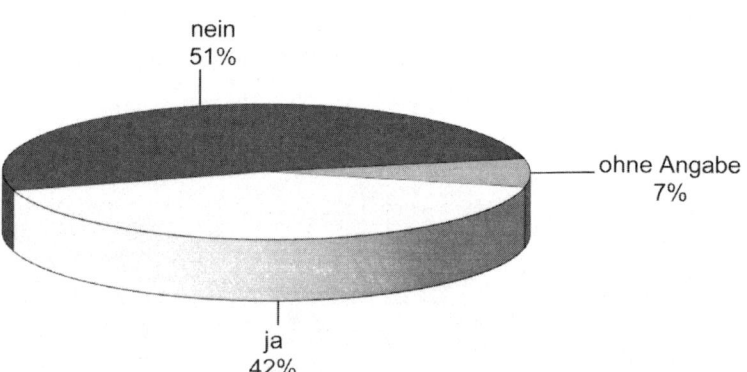

Altersverteilung unter den Befragten

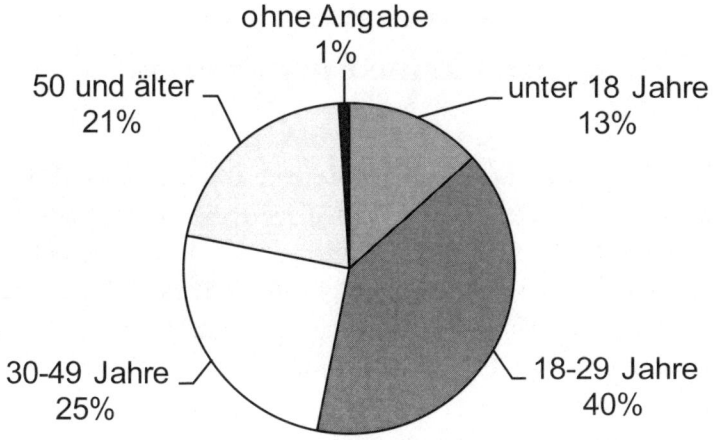

Anhang 3

Noch eine Umfrage –
und keine Entwarnung!

In den Jahren 2010/2011 wurde eine weitere Umfrage gestartet, die das Gebetsleben und die Gebetsversammlungen der Gemeinden betrifft. Diese Umfrage wurde ausschließlich in Deutschland durchgeführt und gibt Aufschluss über die Gebetsgewohnheiten von solchen evangelikalen Gemeinden, die sich – ähnlich wie bei der vorigen Umfrage – als »konservativ« und »bibeltreu« verstehen.

Folgende Fragen wurden gestellt:

Umfrage zu den Gebetsversammlungen in der Gemeinde
○ In unserer Gemeinde gibt es eine separate, wöchentliche Gebetsversammlung.
○ Unsere Gemeinde kommt alle 14 Tage zum Gebet zusammen.
○ In unserer Gemeinde gibt es keine separate Gebetsversammlung.
○ Unsere Gemeinde hat die »Gebetsstunde« auf Hauskreise verteilt.

Besuch der Gebetsversammlung
Unsere Gemeinde besteht aus ca. _____ Geschwistern.
Davon besuchen etwa:
○ 5%   ○ 10%   ○ 20%   ○ 30%   ○ 40%   ○ 50%
○ mehr als 50% die Gebetsversammlung.

Gebetszeit und Form der Gebetsversammlung

○ Wir kommen als ganze Gemeinde in einem Raum zusammen.

○ Wir teilen uns in kleine Gruppen auf.

Die echte Gebetszeit (ohne Einführung, Gesang, Andacht usw.) beträgt etwa:

○ 10-15 Min.   ○ 15-30 Min.   ○ 30-45 Min.

○ 45-60 Min.   ○ mehr als 60 Minuten

Mängel der Gebetsversammlung

○ zu lange Gebete

○ wenig Jugendliche anwesend

○ wenig konkrete Gebete

○ nur wenige, die beten

○ (fast) keine Jugendlichen anwesend

○ sonstiges

Die Angaben aus 210 ausgewerteten Fragebögen zeigen folgendes Ergebnis:

Umfrage zu den Gebetsversammlungen in der Gemeinde

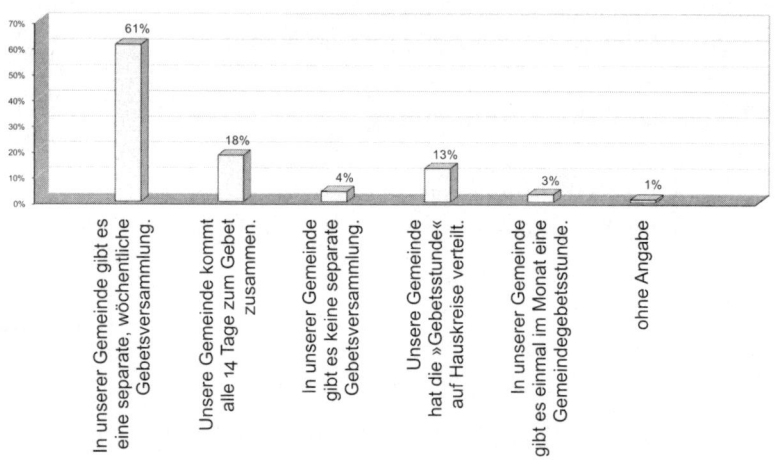

Besuch der Gebetsversammlung

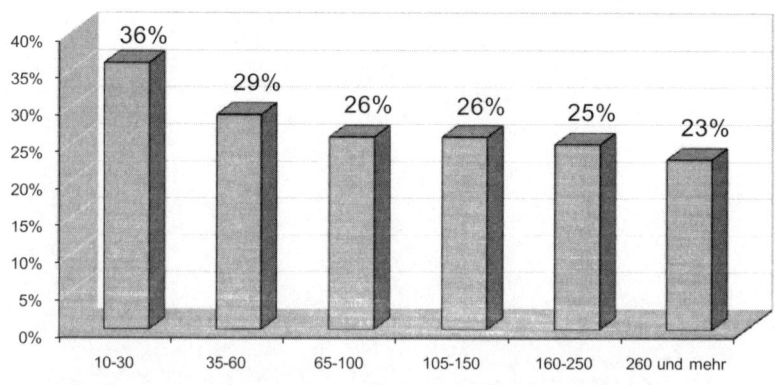

(Diese unteren Zahlen bezeichnen die jeweilige Anzahl der Gemeindeglieder.)

Form der Gebetsversammlung

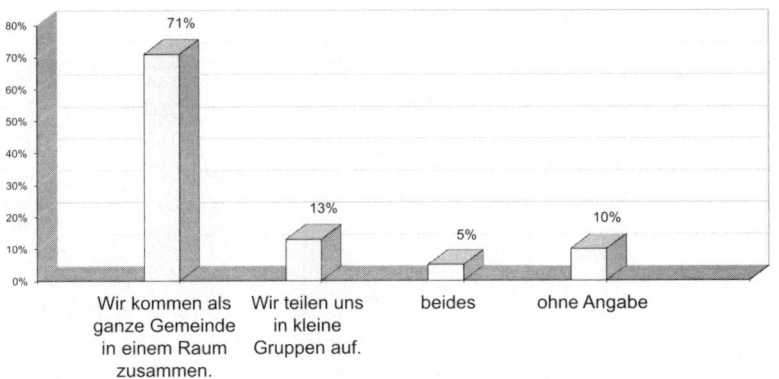

Die echte Gebetszeit beträgt etwa:

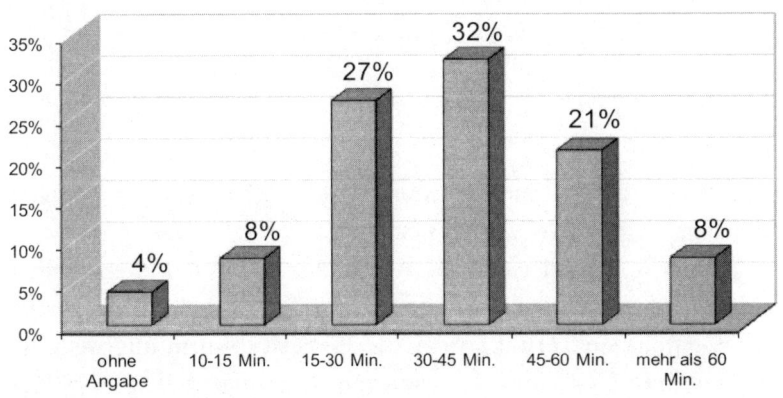

Mängel der Gebetsversammlung

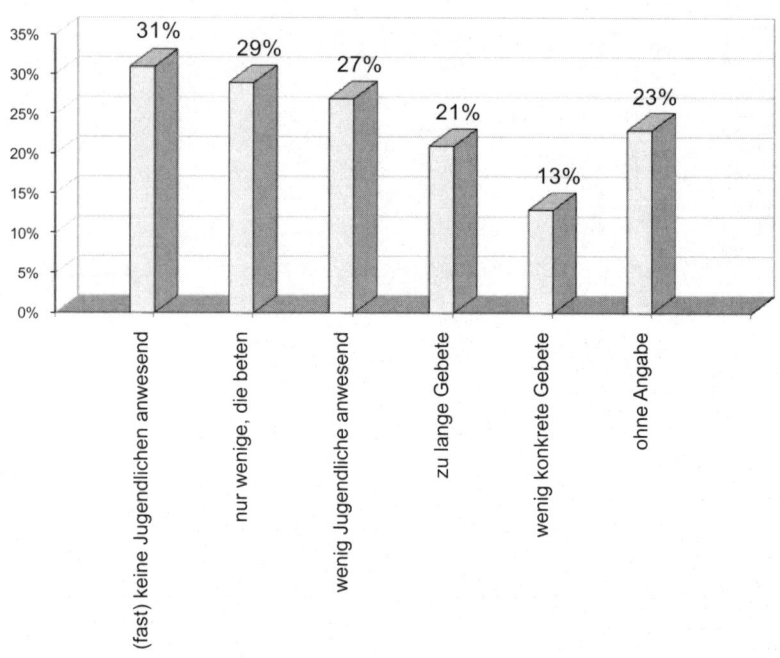

Die Auswertung dieser Umfrage fällt – zumindest in einigen Bereichen – positiver aus als erwartet.

Immerhin existiert in ca. 60% der befragten Gemeinden eine wöchentliche Gebetsversammlung, und in den meisten Gemeinden versteht man die Gebetsversammlung als eine gemeinsame Gemeindeveranstaltung, d.h. man teilt sich weder in Gruppen auf noch betet man ausschließlich in Hauskreisen.

Auch die Tatsache, dass sich mehr als die Hälfte dieser Gemeinden zwischen 30 und 60 Minuten Zeit zum Gebet nehmen, könnte man als relativ erfreulich bezeichnen.

Dennoch zeigen diese Zahlen, dass dem Gemeindegebet wesentlich weniger Wertigkeit und Zeit gegeben wird wie z. B. der Wortverkündigung bzw. der Predigt.

Erschreckend ist allerdings die Tatsache, dass in fast 60 % dieser Gemeinden fast keine oder nur wenige Jugendliche anwesend sind. Über die Ursachen dieses Trends und über die Folgen für die Zukunft der Gemeinden sollte man intensiv nachdenken.

Bei dieser Entwicklung spielt sicher auch die schon erwähnte Tatsache eine Rolle, dass sich allgemein nur wenige am Gebet beteiligen, oft die einzelnen Gebete ermüdend lang und meist nicht konkret sind.

Besorgniserregend ist auch die Beobachtung, dass sich – mit wenigen erfreulichen Ausnahmen – die Zahl der Teilnehmer an den Gebetsversammlungen mit der zunehmenden Größe der Gemeinde verringert. In kleineren Gemeinden ist die Teilnahme und das Interesse an den Gebetsversammlungen deutlich größer als in zahlenmäßig großen Gemeinden. Das wäre ein weiteres Argument für diejenigen, die der Überzeugung sind, dass man ein echtes, lebendiges Gemeindeleben besser in kleineren, überschaubaren Gemeinden praktizieren kann und man sich deshalb als Gemeinde rechtzeitig teilen sollte, wenn man eine bestimmte Größe erreicht hat. Meist nehmen Anonymität und Passivität mit der Größe der Gemeinde zu.

Auf jeden Fall gibt es jede Menge gewichtige Gründe, Gott um eine Erweckung und eine deutliche Belebung des persönlichen und gemeinschaftlichen Gebets zu bitten.

Quellenverzeichnis

1   Søren Kierkegaard, *Tagebuch, Bd. 3*
    (Düsseldorf/Köln: Diederichs, 1968), S. 25.
2   A. W. Tozer, *Gegründet im Wort, brennend im Geist*
    (Hamburg: Verlag C. M. Fliß, 2007), S. 40.
3   W. Busch, *Plaudereien aus meinem Studierzimmer,*
    (Gladbeck: Schriftenmissionsverlag, 1965), S. 154.
4   O. Sanders, *Geistliche Leiterschaft*
    (Bielefeld: CMV-Verlag, 2003), S. 74.
5   L. Ravenhill, *Immer noch ein Tal voller Knochen,*
    (Lüdenscheid: Asaph), S. 11.
6   D. M. Lloyd-Jones, *Die Predigt und der Prediger*
    (Waldems: 3L Verlag, 2005), S. 177.
7   Ravenhill, *Immer noch ein Tal voller Knochen,* S. 17.
8   J. N. Darby, *Wegzehrung für den Pilger*
    (Dillenburg: Dönges Verlag, 1936), S. 82-83.
9   C. H. Spurgeon, *Wachet und betet*
    (Aßlar: Schulte & Gerth, 1980), S. 155.
10 J. Waters, *David Livingstone*
    (Holzgerlingen: SCM Hänssler, 1977), S. 237.
11 J. Wesley, *Das Tagebuch John Wesleys*
    (Holzgerlingen: SCM Hänssler, 2000), S. 74.
12 B. Peters, *George Whitefield* (Bielefeld: CLV, 1997), S. 85.
13 Sanders, *Geistliche Leiterschaft,* S. 75.
14 Peters, *George Whitefield,* S. 48.
15 Ebd., S. 36.
16 Ebd., S. 54.
17 A. W. Tozer, *Verändert in sein Bild*
    (Bielefeld: CLV, 2000), S. 305 (Andacht vom 25. Oktober).
18 W. Nee, *In Hingabe leben*
    (Bielefeld: CLV, 1991), S. 137-138.

19 J. Piper, *Wenn die Freude nicht mehr da ist*
    (Bielefeld: CLV, 2006), S. 161.

20 Ebd., S. 114-115.

21 *Das Tagebuch David Brainerds*
    (Waldbröl: H. Dresbach, o. J.), S. 81.

22 Lyle Dorsett, *Voller Leidenschaft für Gott – Das Leben
    A. W. Tozers* (Holzgerlingen: SCM Hänssler, 2009), S. 162.

23 *Albert Knapps Evangelischer Liederschatz*
    (Stuttgart: Verlag der Cotta'schen Buchhandlung, 1891),
    S. 1101.

24 H. und G. Taylor, *Das geistliche Geheimnis Hudson Taylors*
    (Bad Liebenzell: VLM, 1974), S. 81.

25 Ebd., S. 172-173.

26 E. Beyreuther, *Zinzendorf und die sich allhier beisammen
    finden* (Marburg: Francke, 1959), S. 195.

27 T. E. Koshy, *Bakht Singh* (Bielefeld: CLV, 2005), S. 117.

28 Ebd., S. 227.

29 C. H. Spurgeon, *Gute Winke für Prediger des Evangeliums*
    (Hamburg: J. G. Oncken, 1896), S. 65.

30 R. Steer, *Georg Müller* (Bielefeld: CLV, 1995), S. 238.

31 J. G. Paton, *Missionar auf den neuen Hebriden*
    (Leipzig: Verlag H. G. Wallmann, 1895), S. 5-6.

32 F. Holmes, *Robert Cleaver Chapman*
    (Bielefeld: CLV, 1989), S. 43.

33 Ole Hallesby, *Vom Beten*
    (Holzgerlingen: SCM Hänssler, 2006), S. 71.

34 H. Fausel, *D. Martin Luther – Sein Leben und Werk, Teil 2*
    (Holzgerlingen: SCM Hänssler, 2008), S. 13-14.

35 J. Piper, *Überwältigt von Gnade*
    (Bielefeld: CLV, 2006), S. 146.

36 E. Crossman, *James O. Fraser – Der Bergsteiger Gottes*
    (Bielefeld: CLV, 1996), S. 245.

37 Sanders, *Geistliche Leiterschaft*, S. 74.

38 Siehe: G. Mai, *Lenin – die pervertierte Moral* (Berneck: Schwengeler, 1988), S. 12.

39 Jonathan Edwards, *Das Leben von David Brainerd* (Waldems: 3L Verlag, 2011), S. 9.

40 C. H. Spurgeon, *Alttestamentliche Bilder* (Hamburg: J. G. Oncken, 1897), S. 756.

41 Piper, *Wenn die Freude nicht mehr da ist*, S. 132.

42 J. Piper, *Dein Leben ist einmalig – vergeude es nicht!* (Bielefeld: CLV, 2004), S. 135.

43 Lloyd-Jones, *Die Predigt und der Prediger*, S. 264.

44 Nach: Theodor Fliedner, *Kurzes evangelisches Märtyrerbuch* (Kaiserswerth: Verlag der Diakonissen-Anstalt, 1864), S. 503-505.

45 *Das Tagebuch John Wesleys*, S. 467-468.

46 Peters, *George Whitefield*, S. 424.

47 Ebd., S. 24.

48 Ebd., S. 29.

49 Ebd., S. 406.

50 G. Müller, *Und der himmlische Vater ernährt sie doch* (Holzgerlingen: SCM Hänssler, 2009), S. 127-128.

51 Ebd., S. 156.

52 A. T. Pierson, *Georg Müller* (Gotha: P. Ott, 1910), S. 109.

53 Holmes, *Robert C. Chapman*, S. 42.

54 Spurgeon, *Wachet und betet*, S. 151.

55 Brainerd, *Das Tagebuch David Brainerds*, S. 28.

56 Ebd., S. 181.

57 O. Hallesby, *Vom Beten* (Holzgerlingen: SCM Hänssler, 2006), S. 70.

58 E. Elliot, *Im Schatten des Allmächtigen* (Witten: SCM Brockhaus, 2008), S. 128.

59 Spurgeon, *Wachet und betet*, S. 56.

60 Edwards, *Das Leben von David Brainerd*, S. 16.

61 Ebd., S. 16.

62 Ebd., S. 399–402.

63 Ebd., S. 361.

64 L. Ravenhill, *Erweckung nach dem Herzen Gottes* (Aßlar: Schulte & Gerth, 1984), S. 47.

65 Crossman, *James O. Fraser*, S. 110.

66 Ebd., S. 232.

67 Tozer, *Gegründet im Wort, brennend im Geist*, S. 40.

68 C. H. Spurgeon, *Aus Spurgeons Schatzkammer* (Hamburg: Verlag C. M. Fliß, 2007), S. 38.

Wolfgang Bühne

Elisa

Einer von Gottes Segensträgern

240 Seiten, Hardcover

ISBN 978-3-86699-373-0

Elisa ist einer der wenigen Männer der Bibel, dessen Leben ausführlich geschildert wird, ohne dass auch nur eine Charakterschwäche auffällt.

Während andere Männer Gottes mit zunehmendem Alter an Weisheit und Entschiedenheit nachließen, finden wir Elisa von seiner ersten Erwähnung bis zur letzten Szene auf dem Sterbebett in geistlicher Klarheit und Entschiedenheit. Sein Leben war ohne Brüche, ohne Flicken – aus einem Guss.

In vielen Szenen erinnert er uns an den Herrn Jesus, von dem er ein bewegendes Abbild ist. Gleichzeitig ist Elisa aber auch ein beeindruckendes Beispiel für alle, die in unserer Zeit dem Herrn und seinem Volk dienen möchten. Seine Bescheidenheit, Demut, Weisheit und Barmherzigkeit ist überaus ermutigend.

Ein weiterer, bemerkenswerter Gesichtspunkt ist Elisas Beispiel für gesegnete Zweierschaften und den Segen einer harmonischen, sich ergänzenden Zusammenarbeit von Jung und Alt.

Die verschiedenen Aspekte werden in dieser Auslegung beleuchtet, durch viele Zitate und Beispiele aus der Kirchengeschichte illustriert und zur Nachahmung empfohlen.

Wolfgang Bühne
Hiskia

CLV

Der Mann, der Gott vertraute

176 Seiten, Hardcover
ISBN 978-3-86699-318-1

Erstaunlicherweise findet man in deutscher Sprache kaum eine Betrachtung über das Leben des Königs Hiskia, obwohl er von Gott selbst das einmalige Prädikat bekommt: »Er vertraute auf den Herrn, den Gott Israels, und nach ihm ist seinesgleichen nicht gewesen unter allen Königen von Juda noch unter denen, die vor ihm waren.«

Das war Grund und Herausforderung genug, sich intensiver mit seinem Leben auseinanderzusetzen: mit seinen Höhen und Tiefen, Stärken und Schwächen, Siegen und Niederlagen – in der Hoffnung, dass sein Vorbild zum Ansporn wird, Gott immer mehr durch ein krisenfestes, unerschütterliches Vertrauen zu ehren.

Benedikt Peters
Lehre uns beten

176 Seiten, Hardcover
ISBN 978-3-86699-377-8

»Gebetslosigkeit oder Gebetsarmut sind Symptome einer tiefer liegenden Krankheit. Sie zeigen, dass unser ganzes Glaubensleben kränkelt. Wir leben und wandeln offensichtlich mehr im Fleisch als im Geist. Hat aber das Fleisch die Oberhand, ist Gebetsarmut unausweichlich, denn die sündige Natur verabscheut nichts so sehr wie Gottes Gegenwart.«

»Gebet vermag viel. Es ist nicht eine schmückende Beigabe des Glaubenslebens, sondern der Dreh- und Angelpunkt des geistlichen Lebens. Der Herr lehrte die Jünger nie, wie sie predigen sollen, aber er lehrte sie wiederholt, wie sie beten sollen.«

Diese Zitate zeigen, dass Benedikt Peters den Leser stark herausfordert. Selbst geprägt von dem indischen Erweckungsprediger Bakht Singh hält er einer gebetslosen Christenheit den Spiegel vor. Ganz nah an der Schrift entfaltet er eine »Theologie des Gebets«, zeigt Hindernisse der Erhörung auf und leitet durch ermutigende Erfahrungen zu einem fruchtbaren Gebetsleben an. Endlich ein Buch, das die geistlichen Nöte unserer Zeit bei der Wurzel packt!

John Piper
Vereint im Vertrauen

CLV

**Charles Spurgeon, Georg Müller,
Hudson Taylor**

224 Seiten, Hardcover
ISBN 978-3-86699-367-9

Charles H. Spurgeon stand schon mit 16 Jahren auf der Kanzel. Von 1854 bis 1891 verkündigte er in London das Wort Gottes – oft vor Tausenden von Zuhörern. Doch die Leiden und Anfeindungen, denen er in seinem Dienst immer wieder ausgesetzt war und in denen er durch Gottes Gnade standhielt, sind ein oft übersehener Teil seines Lebens, der auch den Inhalt seiner Predigten geprägt hat.

Georg Müller ist vielen als der »Waisenvater von Bristol« bekannt. Weniger bekannt ist, dass er glaubensmissionarische Werke wie dasjenige von Hudson Taylor tatkräftig unterstützte. Alles, was er in seinem Dienst für die Waisen einsetzte und für die Außenmission spendete, hat er auf Knien erbeten – im schlichten Glauben an den lebendigen Gott.

Hudson Taylors Herz schlug für die Millionen Unerreichten im »Reich der Mitte«. Dabei entdeckte er, dass die »Freude am Einssein mit Christus« der Schlüssel zu einem Leben ist, das bleibende Frucht bringt und Gott verherrlicht. Der Gründer der China-Inland-Mission hielt sich an den Grundsatz, sich in allen Anliegen seines Werkes an Gott zu wenden, und erlebte erstaunliche Erhörungen.

Courtney Anderson

Adoniram Judson

Leiden für die Ewigkeit

704 Seiten, Hardcover

ISBN 978-3-86699-330-3

Der ungewöhnlich begabte, ehrgeizige Pastorensohn von der amerikanischen Ostküste hat jede erdenkliche Möglichkeit, seine Zukunft zu gestalten. Dem Glauben seines Vaters hat er abgeschworen und sich dem aufgeklärten Deismus zugewandt – bis zu jener Nacht, in dem das qualvolle Stöhnen eines Sterbenden im Nebenzimmer nagende Zweifel an seiner selbstsicheren Überzeugung weckt. Monate des Suchens und Fragens folgen, bis er sich schließlich Gott hingibt. Von da an dominiert der Wunsch, als Missionar in Birma zu dienen, sein Denken und Handeln. Alle Hindernisse überwindend betritt er 1813 als erster amerikanischer Außenmissionar birmanisches Territorium. Ihm und seiner jungen Frau öffnet sich eine völlig unerwartete und abenteuerliche fremde Welt …

»Adoniram Judson – Leiden für die Ewigkeit« ist eine spannende, bewegende und anrührende Biografie über einen Mann, der alles hätte erreichen können und doch seine eigenen Ziele den Zielen Gottes unterwarf und an diesen durch tiefes Leid hindurch festhielt, um Birma Gottes Wort zu bringen.

John Piper
Wenn die Freude nicht mehr da ist

256 Seiten, Paperback
ISBN 978-3-89397-977-6

Wenn Freude an Gott nur »das Tüpfelchen auf dem i« der christlichen Hingabe bedeuten würde, wäre dieses Buch bedeutungslos. Doch John Piper ist überzeugt, dass Freude sehr viel mehr ist als das. Er steht für die Wahrheit ein, dass Gott am meisten in uns verherrlicht wird, wenn wir zutiefst zufrieden sind in ihm.

Volle Zufriedenheit und Freude in Gott sind nötig, um Gott Ehre zu geben und zu Opfern der Liebe bereit zu sein. Jesus erduldete das Kreuz aufgrund der Freude, die vor ihm lag. Er schmeckte sie. Sie begleitete ihn durch das tiefste Leiden hindurch. Sein Vater wurde verherrlicht – die ihm Anvertrauten wurden gerettet. Das ist es, was Freude in Gott bewirkt.

Das Problem dabei ist, dass sich diese Wahrheit befreiend und niederschmetternd auswirkt. Sie befreit, weil sie unser angeborenes Verlangen nach Freude gutheißt. Sie ist niederschmetternd, weil die bittere Wahrheit offenbar wird, dass wir nicht das Verlangen nach Gott haben, welches wir haben sollten. Dann müssen wir uns der entscheidenden Frage stellen: Was kann ich tun, um diese Freude zu gewinnen?

Mit dem Herzen eines Hirten und der Leidenschaft eines Kämpfers bemüht sich John Piper, diese Frage zu beantworten.

Ken Anderson
Niemals allein

**Samuel Lamb – Verfolgung
und Erweckung im Land des
Roten Drachen**

224 Seiten, Paperback
ISBN 978-3-89397-690-4

»Sagt den Christen im Westen, sie sollen nicht um Freiheit für
uns beten. Der mäßige Druck vonseiten der Regierung hält uns
nah beim Herrn und nah beieinander!« Diese Worte und die
Situation der Christen in China kann man nur verstehen, wenn
man so erstaunliche Menschen wie Samuel Lamb kennenlernt.
Dieser kleine, eher zierlich gebaute Mann ist fröhlich, gelassen
und mit seinen über 80 Jahren quicklebendig. Unerbittliche Verfolgung und mehr als 20 Jahre Straflager und Gehirnwäsche
konnten seinen Mut nicht rauben – sein Vertrauen nicht zer-
stören – seine Freude nicht auslöschen. In diesen langen, har-
ten Jahren wurde er zum Missionar und Seelsorger vieler
Gefangener, die durch ihn zum Herrn fanden. Nach seiner Ent-
lassung aus der Haft im Jahr 1978 gründete er in Guangzhou
die wohl größte Untergrundkirche in China. Mittlerweile zäh-
len sich ca. 4000 Christen zu dieser Gemeinde. Auch wieder-
holte Besuche der Polizei, Bedrohungen und das Konfiszieren
aller Schriften, Liederbücher und Geräte konnten Samuel Lamb
und seine »Gemeinde ohne Namen« nicht entmutigen.

Am 3. August 2013 ist Pastor Samuel Lamb im Alter von 88 Jahren heimgegangen.